가을 햇살에 핀 꽃

가을 햇살에 핀 꽃

초판 1쇄 발행 2024년 12월 3일

지은이 김남홍
펴낸이 장길수
펴낸곳 지식과감성#
출판등록 제2012-000081호

교정 주경민
디자인 강샛별
편집 강샛별
검수 정은솔, 이현
마케팅 김윤길, 정은혜

주소 서울시 금천구 벚꽃로298 대륭포스트타워6차 1212호
전화 070-4651-3730~4
팩스 070-4325-7006
이메일 ksbookup@naver.com
홈페이지 www.knsbookup.com

ISBN 979-11-392-2263-0(03810)
값 17,000원

- 이 책의 판권은 지은이에게 있습니다.
- 이 책 내용의 전부 또는 일부를 재사용하려면 반드시 지은이의 서면 동의를 받아야 합니다.
- 잘못된 책은 구입하신 곳에서 바꾸어 드립니다.

지식과감성#
홈페이지 바로가기

가을 햇살에 핀 꽃

김남홍 지음

마지막까지 나를 사랑하고
그 사랑이 넘쳐 주변 모두를 행복하게 하는
삶을 살고 싶다.

책을 내면서

 군 생활을 마치고 여주 산골에 터를 잡은 지 10년 만인 작년에 첫 수필집 《계급장 떼고 십 년을 살아 보니》를 출간하였다. 수필의 주인공들인 가족과 선후배, 친구, 지인들을 불러 조촐한 출판 기념회를 했다.

 책이 나오자 뿌듯함과 실망감이 동시에 밀려들며 초라해지고 부끄러웠다. 그러나 나의 진솔한 경험과 생각을 다듬어 표현했다는 자부심으로, 보잘것없지만 분명히 내 것인 작품에 애착도 강했다. 내 인생이 고스란히 묻어나 세상에 나온 글들을 보며 미숙한 내용이라도 내가 존재하지 않았다면 태어나지 못했을 작품들이 자랑스럽게 느껴졌다. 어린 시절부터 지금까지 내가 걸어온 발자취를 돌아보았고 부모님과 아이들 세대까지를 아울러 추억을 더듬었으며 군 생활에 대한 내 생각과 경험을 정리하는 계기가 되었다. 처음 책을 펴냈다는 핑계로 허물을 덮어 두고 계속 글을 쓰겠다는 다짐으로 이 책을 준비했다.

역사적으로 문무를 겸비한 수많은 인물이 있지만, 기본적인 분류는 문인(文人)과 무인(武人)이다. 그만큼 군인이 글을 쓴다는 것, 그것도 문학 작품으로 글을 쓴다는 것은 쉽지 않은 일이다. 군에서는 정보나 사실관계를 정확하고 간결하게 전달하는 보고서에 익숙해져 풍부한 문학적 수사나 비유와는 거리가 먼 글쓰기 습관이 배어 있기 때문이다. 감정 공감이나 은유, 비유, 상징과 같은 미(美)적 매력보다 객관성, 정확성에 기초한 글의 기능을 우선시하는 것이다. 문학이 독자에게 감정을 자극하며 아름다운 상상의 날개를 펼치게 한다면 군인의 글쓰기는 핵심적인 정보 전달을 위한 도구로 사용될 뿐이다.

수필을 배우고 쓰다 보니 다른 시선으로 바라보게 되었다. 평생 사람들과 함께 몸을 부딪치며 생활하다 보니 인간에 대한 이해의 폭이 넓어지고 다양한 인생 경험을 들을 수 있었다. 근무지가 산과 바닷가, 계곡, 오지인 경우가 많아서 자연과 친숙해졌고 지휘관으로서 고독을 이기며 결심하고 고민했던 사고력이 내면에 남아 있음도 알게 되었다. 남들이 해 본 적 없는 경험과 남들이 하지 않아도 되는 고뇌의 보따리가 생생한 글거리가 되기도 했다. 문학이 가치를 잃어버린 약자들에게 꿈과 희망을 주는 역할도 한다면 군에는 피동성을 가지고 움직이는 고단하고 갈등하며 지루한 일상을 겪는 병사들이 곁에 있었다. 그리고 선역 후 10여 년 사회에서 생활하며 느껴 온 경험과 산골에 정착하여 텃밭을 일구며 자연과 노닐었던 감성이 많은 도움이 되었다.

내가 수필을 쓰는 이유는 후천적 노력으로 어느 정도 가능한 분야이기 때문이다. 김소월이나 한용운 시인이 학문으로 배워서 운율을 지닌 함축적 언어로 표현된 시를 쓴 것이 아니다. 배운다고 배운 대로 시가 써지는 것이 아니고 선천적 재능과 감수성이 있어야 가능하다고 생각한다. 시인의 감정과 생각이 서정적인 문학적 표현으로 승화되고 내면의 숙고 과정을 거쳐 한 편의 시가 탄생하는 것이다. 소설은 작가의 상상력, 또는, 사실에 바탕을 두고 주로 허구를 이야기로 꾸며 낸 산문인데 예술성을 완성하기 위해서는 전문성을 갖추어야 한다. 그야말로 문학에 대한 해박한 지식과 이해가 없이는 제대로 된 소설을 쓰기 어렵다는 말과 일맥상통한다. 새로움, 즉, 이 세상에 없는 것을 만들어 내는 작업이다.

반면 수필은 있었던 것을 문학적으로 표현해 내면 가능한 장르이다. 다독(多讀), 다작(多作), 다상량(多商量)의 꾸준한 노력으로 표현력을 기르고 인격과 개성을 덧붙여 쓸 수 있는 분야라고 생각했다. 살면서 겪은 경험과 추억에다가 잠재되어 있던 재능을 꺼내어 살을 붙이고 다듬으면 한 작품씩 태어나곤 했다. 시(詩)적인 표현과 압축도 가능하고 소설적 요소인 이야기와 반전도 꾀할 수 있으며 나의 주장과 생각으로 세상을 비판해도 되고 내면에서 우러나오는 사색의 단편들을 철학적으로 해석하여 쓸 수도 있었다. 서정과 서사에 서투른 내가 형식과 소재에 크게 구애받지 않고 경험과 느낌을 솔직하게 서술하면 되었다. 수필이 중년 이후에 쓸 수 있는 글이라고 하는 것은 특별한 경험과 삶의 연륜이 묻어나야 좋은 글의 소재가 많아진다는 의미일 것이다.

앞으로도 생각을 많이, 오래, 깊게 하며 내면에 품고 있는 낯섦을 끄집어내는 작업을 계속하고 싶다. 가끔 삶에 길을 잃고 헤맬 때, 생존에 치여 낭만을 잊었을 때, 외롭고 힘들다고 느낄 때 용기와 희망을 주고 함께 아파하며 돌파구를 찾아가는 데 일정 부분 역할을 하는 작품을 쓰고 싶다. 부족하고 무지하고 서투르지만, 꾸준히 노력하고 사색하며 바른 삶을 살면서 나아가고자 한다. 편협한 관념의 세계에서 벗어나 진정한 자기를 찾아 마음을 일으키되 머무는 바가 없고 미련을 갖지 않으며 욕심을 내려놓는 삶의 모습을 그려 내고 싶다. 마지막까지 나를 사랑하고 그 사랑이 넘쳐 주변 모두를 행복하게 하는 삶을 살고 그것을 글로 쓰고 싶다.

이 책이 나오기까지 지도 편달을 아끼지 않은 여주 세종문학회 안윤희 회장께 감사드리고 함께 배우고 합평에 참여해 준 세종문학회 회원님들께도 고마움을 전한다. 그리고 허락도 받지 않고 작품의 주인공이 되어 주신 분들과 지식과감성# 출판사에 감사를 드린다.

2024년 12월
여주 강천 성주골에서
김 남 홍

차례

책을 내면서   4

Ⅰ. 젊은 날의 고뇌

젊은 날의 고뇌	12
화랑 축제	17
중년의 사내	22
나의 취미생활	27
막걸리를 마시며	32
수석을 보는 눈	37
차에 얽힌 사연들	42
욕망과 권태 사이	47
연애하는 풍경	52
잘 쉬고 잘 놀자	57
게으름과 여유	62

Ⅱ. 씨 뿌리는 자의 비유

도전과 응전	68
효자(孝子) 친구	73
화병(火病)은 마음속 골병	78
봄꽃을 보며	83
선생님과 제자	88
이웃집 어르신	93
마음만 청춘인 여행	98
잠깐 맛본 일본	103
상실 고통	108
더위 먹다	113
씨 뿌리는 자의 비유	118

Ⅲ. 나는 성공했는가

나는 성공했는가	124
눈(雪)에 관한 정서	129
예닐곱 살의 기억	134
어린 가슴에 맺힌 멍울	139
길 위에 나를 보다	144

아버지를 기리며	149
삶이 그대를 속일지라도	154
외로움이란 감정	159
오대산과 나	164
남애항	169
미안한 친구	174

Ⅳ. 노블레스 오블리주(noblesse oblige)

노블레스 오블리주(noblesse oblige)	180
화악산에서	185
중대장의 아내	190
대대 창설 일화	195
군 체육대회 추억	200
유엔 평화유지군	205
자등령을 넘어	210
군대 축구 이야기	215
가평을 지나며	220
잃어버린 도서관	225
두더지의 일상	230

I

젊은 날의 고뇌

젊은 날의 고뇌
화랑 축제
중년의 사내
나의 취미생활
막걸리를 마시며
수석을 보는 눈
차에 얽힌 사연들
욕망과 권태 사이
연애하는 풍경
잘 쉬고 잘 놀자
게으름과 여유

젊은 날의 고뇌

생도 4학년 가을 한 여성을 만났다. 후배의 사촌 누이였다. 곧 졸업을 앞두고 전방에 가서 초급장교가 되어야 하는 고민 많은 시기에 운명처럼 다가왔다.

그녀를 만날수록, 삶을 어떻게 살아야 할 것인가에 대해 심각하게 생각하며 진정한 사랑과 결혼을 놓고 밤을 지새웠다. 그녀를 얻으려고 하는 것이 나의 이기심을 채우려는 저급한 수준이 아닌가 하는 생각이 우선 들었다. 일방적인 자신의 필요 때문에 집착하는 게 아닌지에 대한 의구심이었다. 외로움을 덜고 도움받으려는 상대로 그녀에게 의존하는 관계인 듯하여 고민되었다. 자신만의 사람이 되게 하는 데만 관심이 있지, 오랫동안 이어 나가며 책임지며 행복하게 해 줄 확신이 서지 않았다.

성숙한 사랑은 첫눈에 반한 감정에서 벗어나 사랑받는 자의 성장과 행복을 지원하고, 자신을 사랑하는 것보다 더 상대방을 위하는 것이라 하는데, 나는 그것에 자신이 없었다. 나의 생명을 다른 한 사람과 일치시키고 희생과 동정에서 벗어나 서로를 도우며 잘 살 수 있을지도 의심스러웠다. 그냥 전방에 가면 여성을 만날 기회가 거의 없고 그녀보다 더 군인의 아내로 합당한 여인을 만나지 못할 것 같은 조바심에서 안달하는지도 몰랐다. 열병과 같은 신열이 나고 잠 못 드는 날들이 계속되었다.

가장 어려운 숙제가 군인과 교사라는 직업이었다. 군인은 명령에 따라 전국을 돌아다녀야 하고 그중에는 학교도 없는 오지에서 근무할 때도 있다. 최전방에 들어가면 퇴근이 안 되거나 휴가도 못 가는 열악한 근무지도 있고 야외훈련 시에도 떨어져 살아야 한다. 반면, 그녀는 '페스탈로치'가 이상형이며 섬에 가서 교육환경이 열악한 아이들을 가르치는 꿈을 꾼다고 했다. 교사 아버지를 본받아 어릴 때 또래 친구를 모아 놓고 가르치는 소꿉놀이부터 하며, 선생님이 되어야겠다는 마음을 버린 적이 없다고도 했다. 어떻게 이 차이를 극복해야 할지 답을 찾지 못하였다. 그 당시엔 자가용도 없고 비포장도로도 많았으며 교환수를 통하여 전화하던 시절이어서 서로 연락도 쉽지 않았다. 교사도 주기적으로 옮겨 전근 다녀야 하는데 말이다. 두 직업의 공통점이라야 부하와 학생을 가르치고 시키는 일 말고는 없는 듯했다.

자라 온 환경도 비교될 만큼 달랐다. 나는 가난한 농부의 아들로 태어나 고생하며 자랐다. 그녀는 교육자인 아버지를 따라 이사도 다녔지만 철들고 나서는 정착하여 마당 있는 기와집에서 산다고 했다. 어릴 때의 기억으로 선생님의 딸은 감히 옆에도 가기 어려운 존재가 아니던가? 그 당시 부모님은 돼지농장을 하고 있었는데 그 냄새나는 본가에 인사를 시키러 갈 용기가 나지 않았다. 아무리 조건을 따지지 않는다고 해도 너무 기울어진 씨름판이었다. 우리 사회에서 결혼은 형편이 비슷한 집안끼리 맺어지는 게 보통인데 자신감을 가질 수 없도록 수준 차이가 났다. 어쩌지 못하는 현실이 야속하기만 하였다.

　나의 성격과 여성관도 한몫했다. 진정한 사랑은, 자신을 내어줄 수 있고 주는 경험을 자주 했던 이들이 하는 것으로 생각했다. 그러나 살아오면서 받기만 했지, 제대로 남에게 준 적이 없으며 자신의 관심과 배려, 공감 등을 나누는 내면의 성향뿐 아니라 물질을 나누는 경제적 능력도 없었다. 나름 이기적이고 생존능력만 길렀는지 모른다. 그러니 푸근하고 넓은 가슴을 갖지 못하고 마음에 여유도 없는 인간으로 성장했다. 대부분 여성은 이기적이고 의존적이라 받는 데 더 관심이 있다는 생각도 하고 있었다. 그냥 사랑은 우연이 많이 작용하고 첫눈에 반하는 끌림이며 자신과 잘 맞는 상대를 고르는 게 중요하다고 보았다. 그런데 막상 선택의 갈림길에 이르니 막막해졌다. 상대방을 점점 더 알고 이해하면서 그 사람의 성장도 돕고 자신도 성장할 수 있는 관계를 유지하려는데 현실의 벽은 산 넘어 산이었다.

해답을 찾지 못하는 날들이 계속되었고 입맛과 잠을 잊은 듯하였다. 지독한 한겨울의 심술이었다. 앙상한 나무꼭대기에 걸린 넓어진 빈 틈새로 하늘과 맞닿아 속삭이는 나무가 부러웠다. 유혹의 뱀이 찾아와 이브의 사과를 나눠 먹고 취하여 고운 잠을 이루고도 싶었다. 메마른 황무지에 심어 가꿀 아름다운 사랑의 샘이 발견되기를 꿈꾸기도 했다. 그렇게 한 해가 지나가고 나서도 불덩이 같은 가슴의 상처는 아물지 않았다.

사랑과 인간관계는 상대적이라는 사실을 미리 깨달았더라면 덜 힘들었을 것이다. 해답은 가장 가까이에 있었다. 혼자 있는 게 아니라 그녀와 함께였다. 그 여인은 의존적이지 않았고 독립적이었으며 사랑 애(愛)의 개념과 어질 인(仁)의 속성을 함께 지니고 있었다. 동정심보다 더 사랑에 가까운 측은지심(惻隱之心)을 갖춘 곧은 심지의 강인한 한국 여인이었다. 희생을 감수할 줄도 알고 사랑하는 이를 위해 고생하는 것은 고생이 아니라는 것도 이미 알고 있었다. 학교 가까운 곳에서 동생을 데리고 자취를 하고 있었는데 '엄마의 집'이라는 생경한 단어를 쓰기도 했다. 부모님이 거주하는 집을 이르는 말인데 자신은 이미 독립한 개체임을 내비치는 말이기도 하였다. 통상 남편을 선택하는 조건이 평생 고생 안 하려고 하는, 내가 지닌 여성관과 매우 달랐다. 서서히 돌파구가 보이며 실마리를 찾기 시작했다. 함께 젊어 조금만 고생하고 노력하면 충분히 헤쳐 나갈 수 있다는 확신이 생겼다.

그해 가을과 겨우내 인생에서 가장 어려운 선택의 시간을 보냈다. 헛된 날들이었다기보다 서로를 깊게 공감하고 이해하는 계기가 되었다. 그런 고뇌의 성찰들이 쌓여 성숙한 사랑에 가까워졌다고 생각한다. 사랑은 지속적이고 역동적인 관계로, 결혼은 사랑의 완성이 아니라 시작에 불과하며 인생을 통틀어 가꾸어야 하는 끊임없는 과정임도 깨닫게 되었다.

그러나 현실의 기울어진 씨름판은 변하지 않은 채 지금에 이르고 있다. 많은 빚을 지고 있음을 새삼 느끼며 산다. 더 여유롭고 넓은 가슴을 내어주리라 다짐했건만, 인간의 기질은 변하기 어려운 속성을 지니고 있나 보다.

화랑 축제

생도 시절 화랑 축제는 변곡점(變曲點)이었다. 우리나라 역사와 내 인생의 소용돌이가 맞물려 돌아갔다.

3학년 늦가을, 며칠째 이어 오던 화랑 축제 중 절정인 4학년 생도들의 무도회를 준비하던 전날 밤이었다. 모임 장소에 반짝이와 풍선, 각종 환영 글씨를 붙여 선배들 여자 친구를 맞이할 준비를 마쳤다. 자정이 다 되어 잠자리에 들기 전 화장실을 가다가 생도대 광장의 차량 불빛을 보았다. 검은 세단 세 대가 들어오더니 어둡고 거리가 멀어 잘 보이지 않았지만, 생도 한 명과 장교 여러 명이 나와 그중 생도를 태우고 떠나갔다. 꿈을 꾼 듯한 착각에 빠지며 잠자리에 들었다.

새벽녘에 전차 소리와 군가, 함성에 놀라 잠을 깨어 보니 아직 기상이 한참 남은 시간이었다. 짐이 확 달아나서 축제 마무리 준비를 하고 있었는데 여섯 시가 지나자 장송곡과 함께 대통령 서거를 알리는 뉴스가 나왔다. 어떤 이유도 얘기 안 하고 똑같은 말만 반복했었는데 아침 식사를 하는 중에 무도회가 무기한 연기되었다는 소식이 전해졌고 삽교방조제 준공식에 참석했던 대통령이 어젯밤에 괴한의 총탄에 맞아 서거하였다는 뉴스를 들었다. 그제야 수수께끼가 풀려 자정 무렵 세단을 타고 떠난 생도가 대통령의 자제임을 알았다. 그리고 만약의 사태에 대비하여 충정 부대가 서울에 진입하여 태릉에 주둔한 것임도 알았다.

 모든 학교는 휴교령이 내려졌고 어수선한 분위기 속에 외출 외박도 통제되어 답답한 나날을 보내던 중 어지러운 정치 상황이 들려왔으나 자세한 내막은 모른 상태에서 한 해가 지나갔다. 생도 4학년 봄에는 당시의 표현을 빌리자면 광주에 북한의 비호를 받는 폭도들이 난동을 일으켜 많은 시민과 군인들이 희생되었다는 뉴스가 전해지고 있었다. 그러나 진실은 고양이처럼 기고 샛바람같이 겨울 문풍지를 뚫고 들어왔다. 그해 첫눈이 온 날 밤 "밤사이 도둑고양이 발로 내린 눈이 한 맺힌 혼백을 달래려 춤추는 무당의 모시 소맷자락. … 하염없이 떨어지던 눈물도 메말라 하얀 한(恨)이 흐르는 밤, 네 손에 쓰러진 특전대 하사도, 가랑잎 덮여 가려진 젊은 영혼도 천지에 가득한 살풀이로 명부에 기록되면 닭이 울기 전에 사라져 가라. 곤봉에 찌든 머리도 멍울진 가슴도 말 못 해 갈라진 입술도 오늘 밤 내린 눈으로 천국에 들어 맺힘이 풀린 내일쯤은 세상을 잊고 웃어 좋은 날."이라고 당시의 상황을 들은 대로 일기에 써 내려갔었다.

이러한 와중에도 내게 에로스의 화살이 찌른 아픔이 찾아왔다. 우리 때부터 시월 하순에 하던 화랑 축제가 가을에는 체육대회만 하고 석 달 후인 연초에 무도회를 하는 것으로 일정이 변경되었다. 체육대회에서 권투부를 이끌고 우승했던 직후여서 눈두덩이에 아직 부기가 빠지지 않은 채 한 여대생을 소개받아 만났다. 카키색 가을 외투를 입고 내 앞에 선 하얀 피부의 아가씨는 여린 외모였는데도 보기보다 어른스러웠고 자기 소신이 분명했다. 국문학을 전공하는 관계로 만날 때마다 이효석 기념비에 다녀온 여행담과 김장한 이야기, 몇몇 시인과 시에 관한 대화를 하며 자연을 아는 자만이 자연에 감탄할 수 있다고도 하였다. 나도 영문학도의 장기를 살려 《장미와 나이팅게일》 시집도 선물하고 롱펠로의 〈화살과 노래〉도 읊으며 나름 장단을 맞췄다.

만나는 날이 많아질수록 우아한 매력이 새록새록 묻어났다.
"가을에 만난 사람이 마음속으로 들어와 성당 벽 담쟁이에 어른거리는 아쉬운 햇살에 실려 얼굴이 되고 미소가 되고 멀리 달아난 하늘까지 가득 채우고 남은 넘침이 안으로 든다."
라고 고백하게 되었다. 그해 성탄절에는
"… 행복은 나에게 와
Give a kiss me!
한 사람을 사랑하게 하소서.
당신 뜻 안에 거(居)하게 하소서."

라는 기도를 전해 왔다.

유난히 감상적이고 낭만적인 겨울이었다. 함께 〈닥터 지바고〉를 보며 우랄산맥의 오지 바리키노 궁전에서 절망이 손짓하는 손을 비비며 쓰던 유리의 시를 감상했었다.
"비록 눈이 봄의 희망을 덮어도 어딘가의 한 언덕에 녹색과 황금으로 피어나고 그 모든 것을 당신 마음에 품을 수 있다."
라는 구절이 심금을 울렸고 발랄라이카 선율에 떨리며 퍼지는 〈라라의 테마곡〉은 오래 귓전을 맴돌았다. 잠이 오지 않는 밤에는 팝송 〈험한 세상에 다리가 되어(Bridge of Troubled Water)〉를 귀가 얼얼하도록 듣고 또 들었다.
"당신이 지치고 작게만 느껴질 때, 당신 눈에 눈물이 고일 때 제가 그 슬픔을 닦아 줄게요. … 만약 당신 친구가 필요하면 바로 뒤에 노를 저어 갈게요. 험한 물살 위에 놓인 다리처럼 당신 마음을 편안하게 해 드릴게요."
라는 가사가 나를 대변해 주는 듯했다.

그렇게 만난 지 넉 달이 지난 날 육사 생도대에서 화랑 축제 무도회가 열렸다. 후배들이 교차 칼을 하는 터널 사이를 지나 식장에 들어갔다. 한복을 곱게 차려입은 그녀를 나의 지도교수가 눈을 크게 뜨고 응시하며
"참 아름답다. 잘 왔다. 즐겁게 지내라."

라고 칭찬을 아끼지 않았다. 아마 인생을 오래 산 노교수의 눈에 장차 군인의 아내 모습을 본 것이라고 나는 믿는다.

그날을 계기로 나의 긴 고민과 방황이 종지부를 찍었다. 힘들고 어려운 가난한 장교의 아내가 되기에 희생이 너무 많이 따른다는 미안함과 부담감 때문에 망설였던 게 사실이었기 때문이다. 며칠 후 장문의 편지로 나의 마음을 전하고 돌려받았다.
"내가 진실로 당신을 사랑함으로 하여 나는 모든 이들을 사랑하고 온 세상을 사랑하며 나 자신도 사랑할 것입니다. 죽음이 우리를 갈라놓아 그 허무로 인하여 죽음을 갈망할 때까지는 이별을 이야기하지 않을 것입니다. 그러나 나는 당신을 혼자 가지겠습니다. 내가 당신을 독점하려는 것은 내 소유욕이 강해서가 아니라 당신이 모든 사랑의 근원이며 횃불이기 때문입니다."
지금 생각해도 참 용기 있는 결단이었다고 자부한다.

그렇게 화랑 축제는 내 삶에 큰 이정표가 되어 지금에 이르게 되었다. 세상이 변한 역사적 사건보다 우리 사랑이 열매를 맺게 된 계기가 되었다는 면에서 인생 사건이 아닐 수 없다.

중년의 사내

⋮

 중년은 앞으로만 달리던 나의 뒤를 따라오는 그림자가 보이는 시기이다. 숨이 멎을 것 같은 오르막을 헐떡이며 뛰어가는 자신을 가엾게 바라보는 때이기도 하다. 중년은 자기 삶이 절정으로 올라갈 꼭대기가 보이거나, 그 뒷면에 내리막이 보이기 시작하는 날들이다.

 우리 정부의 중년 기준은 사십 세에서 마흔아홉까지이고 오십 세에서 예순넷까지를 장년, 이후를 노년이라 정하고 모든 정책을 추진하고 있다. 평균 연령이 늘어난 지금에 와서는 다소 괴리가 느껴지는 분류이다. 우리 마을엔 청년회, 부녀회, 노인회가 있는데 청년회장 나이가 예순둘이다. 예순다섯부터 노인회에 가입할 수 있으나 제대로 노인 대접을 받으려면 일흔다섯은 지나야 한다. 그러니 중년의 위치를 나이만으로는 가늠할 수 없지만 대략 마흔을 넘긴 나이라 보면 되겠다.

 발달심리학의 연구 결과에 따르면 마흔 즈음 지능이 생애 최고점에 도달한다고 하는데 가족 부양과 조직 내의 업무 과다로 삶의 만족도는 최저점일 경우가 많다고 한다. 이때쯤 되면 내가 속한 직장 내에서 자신의 위치를 가늠하여 더 올라갈 가능성이 있는지, 아니면 이직하고 다른 길을 가야 할지 고민하는 때가 온다. 자연히 일만 열심히 한다고 승진 보장이 없다는 것도 느끼게 된다. 이 한 몸 불살라 젊음을 바쳐 온 직장인데 그 직장이 나를 배신한다는 아이러니를 맛보는 것이다. 점점 경쟁은 심해지고, 미래는 불안하며 앞이 보이지 않을 때 개인이 취할 수 있는 방책은 스스로 채찍질하여 남들보다 나은 상품으로 자기를 포장하는 길밖에 없다. 이러다 보면 쉬는 것조차 죄책감이 들고 남과 비교하여 자기를 비하하게 되며 완벽하게 되려고 자신을 몰아친다. 어느 순간 소진(burn out) 증후군에 걸린 자신을 발견하기도 한다.

이때쯤에는 부모의 우주에서 독립해 나와 자신이 만들어 온 우주를 보면서 그 테두리가 서서히 드러나기 시작한다. 자신의 열과 빛으로 오로지 부양해야 할 식구들과 점점 더 나이 들어 노쇠해 가는 부모를 일정 부분 책임져야 하는 나이가 되는 것이다. 나의 영향력이 미치는 지인과 친구들도 정해져 헤아릴 수 있으며 내가 할 수 있는 조직과 사회의 기여도에도 한계를 느끼게 된다. 세상에서 '나'라는 존재가 규정되는 시기이다. 아이들은 커 가고 돈 들어갈 곳은 불어나는데 일에서 벗어나지 못하는 자신의 정체성을 의심해 보기도 한다. 무엇을 더 하고 싶어도 얽혀 있는 굴레가 많고 '이렇게 한세상을 살아가야 하는구나.' 하는 자책도 하게 된다. 술집에 가서 허허로움을 채우며, 자기를 일정 시간 잊고 시름과 걱정을 달래는 날도 많아진다. 소위 중년의 위기가 찾아오는 것이다.

내가 속해 있던 군대 조직의 상층부는 교회 첨탑을 닮았다. 멀리서도 잘 보이는데 뾰쪽한 끝자락을 오르기는 그야말로 하늘의 별 따기다.

청운의 꿈을 안고 사관학교에 들어선 나는 당연히 장군이 되는 줄 알았다. 우리 집안에 군대를 잘 아는 이가 없었을 뿐 아니라 당시의 분위기는 대통령부터 국무총리가 사관학교 출신이라 별을 다는 것은 어렵지 않은 것으로 생각한 것이다. 그러나 현실은 냉혹하기만 했다. 세월이 가면 갈수록 군에 대한 인식은 민주화에 반대했던 조직으로 낙인찍히는 분위기였다. 군 출신들은 사회에서 홀대받았고 군 밖에서는 발탁이나 창업, 취직 등 쓰임새가 바늘구멍 같았다. 그래도 다른 이들은 위관, 영관 시절을 겪으면서 상당수가 진급 누락의 고배를 마신 데 비해 사관학교 출신들은 대령으로 진급할 때부터 본격적인 경쟁이 시작되었다. 그때가 마흔 초중반의 나이다.

자신감으로 넘쳐 났던 그 시절, 정책부서에서 야전사령부로 보직을 변경했다. 친한 동기와 자리를 맞바꾼 것인데 서로에게는 좋았으나 주변에 같이 경쟁하는 선배와 동기에게는 눈엣가시 같은 존재가 될 것을 미처 알지 못했다. 게다가 상급자와 충분한 교감이 없는 상태였기에 처음부터 떨떠름하게 생각하며 마지못해 받아들이는 분위기였다. 그다음 해, 알지 못하거나 아는 여러 연유로 첫 번째 진급에서 낙선되었다. 추석 연휴 전날인데 집에 내려갈 수도 없었다. 제일 미안한 사람이 아내였다. 군에 대해 잘 알지 못하고 오로지 남편만 철석같이 믿었는데 살아오면서 첫 고배를 마신 것이다.

그제야 달림을 멈추고 주변을 둘러보았다. 고등학교 졸업 후 육군사관학교에 들어가 일반 사회와는 격리되다시피 했으니 잘할 수 있는 것이라곤 아무것도 없었다. 지금껏 배운 지식과 익힌 기술은 사회에서 호환이 안 되는 쓸모없는 것뿐이었다. 정 할 게 없으면 리어카를 끌고 호떡이나 붕어빵 장사를 한다는 말이 있지만, 현실은 그렇게 녹록하지 않았다. 당시 김석봉 토스트 성공 신화가 언론에 소개되던 시절인데 그 많은 거리 음식 장사 중 성공한 몇 안 되는 예이기에 주목했을 것이다. 진급이 안 되면 군대를 떠나야 하고 이 나이에 무엇을 새롭게 시작한다는 것은 준비되지 않은 이에게 끝 모를 절벽과도 같았다. 새벽 동트기 전에 가파른 산길을 오르며 자신을 달랬고 술을 폭음하며 자학도 했다. 멍한 동공과 쓰린 속, 비워진 머리를 마주하며 나를 닮은 나를 바라보곤 했다.

정신을 차리고 다음 해의 선발 기회를 향해 다시 치열한 경쟁의 나락으로 빨려 들어갔다. 진급에 목매어 있으니 상급자의 질책도 비합리적인 지시도 아니꼬운 언사도 귓등으로 흘리며 미친 듯이 일에 몰두하였다. 그렇게 삼수 끝에 진급하고 나니 진이 다 빠진 내가 남아 있을 뿐이었다. 그나마 주변에 발탁되지 못한 동기들과 지인이 많으니 대놓고 기뻐할 수도 없었다. 다시 교회의 첨탑을 오를 인내와 용기는 많이 희석되었다.

중년의 사내는 가장으로서 의무감, 성공에 대한 좌절, 일에 몰두하며 느끼는 피로감, 감정 표현을 못 하고 강한 이미지에 맞추어 가려는 현실에 자신을 내맡기며 아파하고 힘들어하곤 한다. 인생의 마라톤에서 오르막을 향해 큰 고비를 넘는 때인 것이다. 지금, 이 시각에도 우리 사회 곳곳을 버티고 있는 중년들에게 찬사와 격려를 보낸다. '이 또한 지나가리라.'라고 마음에 새기며 잘 견뎌 내기를 응원해 본다.

나의 취미생활

생도 시절 자기소개서를 쓰는 가운데 취미를 독서와 등산이라고 했다. 딱히 좋아하고 잘하는 것이 없어서였을 것이다.

어릴 때 시골 외딴집에서 자란 나는 물고기와 가재 잡기, 개암나무 열매나 밤을 줍고 고사리를 꺾거나 찔레순 껍질 벗겨 먹기 등을 하면서 자연과 어울려 놀았다. 기억나는 중에는 발이 묻힐 정도로 눈이 와서 막대기 하나를 들고 형과 함께 토끼몰이 하러 갔을 때이다. 발자국을 따라 추적하던 중 토끼를 발견했는데 계속 산꼭대기로 몰았더니 아래로 내려오면서 절벽에서 굴러 내 발아래 떨어지는 행운을 얻었다. 한 방에 낚아채어 잡았는데 토끼는 앞다리가 짧아 위로는 잘 뛰는데 아래로 내려올 때는 엉금엉금 기는 것이다. 또 한 번은 토끼를 몰아가던 중 바위굴로 들어간 발자국을 발견하고 막대기로 휘저었더니 반대 방향으로 튀어 나갔는데 빨리 못 달아나서 내가 막대기로 쳐서 잡았다. 적(敵)과 순간 마주치면 온몸이 경직되고 다리가 풀린다는데 토끼도 그랬을 것이다.

학교에 가도 처음 개교한 분교라서 운동장 고르고 나무와 화초를 심다 보면 체육 시간이 지나가곤 했다. 중고등학교 시절은 지금도 비슷하지만, 공부 이외에 다른 데 한눈팔 여유가 없었다. 게다가 나는 통학 거리가 멀고 경제적 상황도 안 좋아 더욱 그랬다. 그러니 취미로 무엇을 배운다거나 특기를 계발할 기회조차 얻지 못하고 생도 생활이 시작된 것이다.

입학 전 한 달간 기초군사훈련을 하는데 오락 시간이나 틈틈이 쉬는 시간에 동료들이 자기 장기를 뽐냈다. 그중에 바이올린을 잘 다루는 생도는 클래식 음악을 부드럽고 아름답게 연주하였다. 탁구나 축구 시합에도 나는 응원석에 앉을 수밖에 없었고 빵과 포도, 통조림 등으로 회식하면서는 기타를 치며 팝송을 멋들어지게 부르는 친구가 정말 부러웠다. 생도 기간에도 테니스를 잘 치는 친구와 당구, 탁구, 수영, 스케이트, 그림, 서예 등 재능이 뛰어난 동기생들이 많았다. 심지어 삼군사관학교 체육대회에 대비하여 응원 연습을 할 때 춤을 잘 추는 생도들은 별도로 선발, 군사훈련에 열외되어 치어리더 같은 역할을 했다. 크게 주눅 들지는 않았으나 부러운 것도 사실이었다.

다행히 나를 위로한 것 중 하나는 나폴레옹 전기였다. 코르시카섬의 촌에서 자란 가난한 생도였던 그가 책을 열심히 읽은 결과 불세출의 전략가가 되었다는 사실에 고무되어 도서관을 자주 찾고 서울 시내 서점도 들르곤 했다. 그래도 생도 시절에 스케이트와 테니스의 기초는 배울 수 있었으나 음악과 미술 등 예술적 부분은 포기할 수 밖에 없었다. 장교로 임관한 후에는 휴일에 병사들과 축구가 유일한 낙이었고 영관장교 시절엔 테니스를 더 많이 쳤다.

　지휘부에서 근무할 때 지휘관과 부지휘관이 가족과 떨어져 공관 생활을 하고 있었는데 두 분이 바둑의 고수였고 부지휘관이 한 수 위였다. 같이 일과 후에 바둑을 시작하면 시간 가는 줄 모르고 두었는데 부지휘관이 이겼다 지기를 조절하는 듯한 인상을 받았다. 승부욕이 강했던 지휘관은 이길 때까지 바둑에 몰입했는데 한번은 식사 시간이 늦어 바둑판 옆에 차려 드린 적이 있었다. 얼마나 몰입했는지 밥을 입에 넣고 바둑판을 보면서 국을 뜨다가 판 위에 흘려 엉망이 되었다. 질 듯하니까 일부러 그랬다고 우기는 부지휘관과 아니라고 하면서 다시 두자는 지휘관이 마치 어린아이들 같았다. 바둑이 얼마나 심오하고 재미있으면 저럴까 하고 생각하면서 바둑에 대한 서적과 영상을 보고 정석을 익히며 나도 배우기 시작했다. 다행히 잘 두는 병사가 옆에 있어 그를 붙잡고 아홉 점을 깔고 두어도 판판이 지던 내가 얼마 후에는 네 점 바둑으로, 그와 헤어질 무렵에는 두 점까지 치수를 고치고 떠났다.

　최근에 슈퍼컴퓨터가 밝혀낸 사실이지만 가로세로 19줄, 361개의 교차점에서 일어나는 경우의 수가 10의 171제곱이라 하니 무궁무진한 변화가 그 안에 포함된 것이다.

그러나 바둑은 시간이 많이 소요되는 데다 비슷한 취미와 실력을 갖춘 사람과 만나는 경우도 별로 없어서 아예 잊고 있다가 시골에 정착하고 나서 인터넷에서 기우를 만나 두기 시작했다. 자투리 시간을 보내는 데 이만한 오락도 없고 어김없이 기우를 만나게 되니 반갑기도 하며 내 정신적 컨디션을 알아보는 데도 유용하다. 저녁 시간에 바둑을 두다 보면 지면서도 계속 두자고 덤비는 사람도 있는데 '아하. 술을 먹고 술 깨려고 두는구나.' 하는 의심을 하기도 하고 실상 나도 그런 적이 있다.

낚시는 초급장교 시절 찾아간 은사님이 너무 동적으로 활동하는 군인에게 정적인 독서와 낚시가 정신적으로 도움이 될 것이라는 말씀을 하셨다. 생각하고 있다가 낚시터가 있는 부대에 근무하게 되어 자연스럽게 접하게 되었는데 바쁜 군 생활 중 몇 번 하지는 못했지만 틈을 내어 가끔 물을 찾았다. 전역과 동시에 채비를 다 바꾸고 준비해서 한두 번 밤낚시를 한 후 허리에 무리가 가서 그만두게 되었지만 봄이 되면 항상 생각나니 담에 낚시광인 친구와 동행 출조를 해야겠다.

요사이 나이 지긋한 중년들이 동호회를 만들고 자주 찾는 곳이 당구장이라 한다. 비용도 저렴하고 친구들을 만나기도 좋고 시간도 잘 가고 집중해서 몰입할 수 있으니 좋은 취미라고 생각되는데 나는 수준이 낮은 데다 도시에 살지 않으니 즐길 수는 없다. 음악에 관해서는 친구들이 시골에 정착하면 색소폰을 배워 보라고 권유하고 기타도 학원에 다니며 배우라고 하는데 재능이 없는 듯하고 다른 일 하기에 바빠서 접어 두고 요즘엔 트로트 가요 부르기에 열심이다. 몇 년 전부터 늦게 배운 골프에 푹 빠져 지낸다. 늦게 시작했으니 아직도 부지런히 연습해야 하고 세상이 좋아져서 스크린골프도 칠 수 있으며 집 앞 잔디밭에서 짧은 거리에 정교함을 요구하는 어프로치 연습도 한다. 등산은 이제 명산과 높은 고지는 사양하고 가벼운 주변 산들을 다니는 수준이다.

가장 좋은 취미가 텃밭에서 지구와 노는 일이다. 철마다 심고 자라고 나는 먹거리에 가을 김장 시기까지는 뭐라도 할 일이 생기는 게 제일 즐겁다. 최근엔 독서에 더하여 글쓰기에 관심이 있다. 새벽에 일어나 고요가 주는 사색의 늪을 유영하다가 어쩌다 괜찮은 글을 건질 때의 쾌감을 맛보곤 한다. 이렇게 나의 색깔이 만들어지고 변해 가는 것이리라.

막걸리를 마시며

요사이 주로 막걸리를 마신다. 살다 보면 세월이 흘러 나이가 들고 새로운 경험이 쌓임에 따라 인식과 기호가 사람마다 변하기 마련이다. 막걸리가 특히 그랬다.

제대로 접한 막걸리는 육군사관학교에 합격하고 나서 친구들이 열어 준 축하 파티에서 시작되었다. 육사에 입학하면 결혼, 술, 담배를 못 하는 삼금(三禁) 제도가 있음을 아는 친구들이 임시 입교를 위해 서울로 가기 전에 모여 막걸리를 마시는 자리를 마련했다. 고등학교 시절 술을 입에 대지 않았었는데 친구들은 4년 동안 먹지 못할 테니 마음껏 먹으라고 강제로 마시게 하는가 하면, 담배를 한 갑 사서는 자기들은 피우지도 않고 한 대씩 입에 물려 주어 서너 대를 동시에 빨며 재채기를 하고 눈물, 콧물을 흘리는 고문 아닌 고문을 당했다. 다음 날은 도저히 일어날 수 없을 정도로 머리가 아프고 속이 메스꺼웠던 기억이 있다.

장교로 임관하고 고등학교 친구가 병장 말년휴가를 나온다고 하여 그가 다니던 대학 뒷골목에서 막걸리로 회식을 했다. 둥근 철판 위에 연탄을 피우고 고기를 굽는 허름한 식당이었는데 막걸리를 주전자로 가져와 네 명이 한참을 떠들며 마시다가 갑자기 눈이 뿌옇게 보이며 정신을 차릴 수 없을 정도로 혼미해졌다. 급히 나와 택시를 타고 친구네 집에 가서 잠을 잤는데 세상에나, 새벽에 머리가 깨질 정도로 아파서 소란을 피운 적이 있었다.

또 한 번은 중대장 시절 산성에 놀러 갔다가 그때는 막걸리가 아니고 주전자에 나오는 동동주를 마셨는데 얼마 지나지 않아 정신을 차리지 못하고 실려 나가다시피 했다. 그 이후로는 다른 술을 먹으면 꽤 술이 세다는 소리를 들었던 터라 막걸리는 체질적으로 맞지 않는 술임을 알고 가까이하지 않았다. 지금 생각해 보면 위생 관념이 부족했던 시절에 대학가나 관광지에서 손님들을 속이고 사카린을 타거나 값싼 재료들로 빚어 잘못 숙성된 막걸리를 먹은 듯하다. 군에서는 1970년대 후반부터 막걸리가 PX에 납품되지 않고 면세 소주와 맥주를 팔았기 때문에 가까이할 기회가 적었고 어쩌다가 병사들과 연말 회식 때 돼지고기찌개에 막걸리를 곁들이는 정도였다.

그러다가 전역을 하고 시골에 들어와서 본격적으로 막걸리를 자주 접하게 되었다. 특히, 이웃에 암 수술 후 재활을 위해 서울서 내려온 어른이 다른 술은 입에 대지 않고 막걸리만 마시니 자연스럽게 대작하며 친해지기 시작했고 서너 잔 마시더라도 오후에 밭일하는

데 지장 없이 오히려 힘이 나는 듯했다. 이래서 농주라 하는 것이 이해되었다. 최근에도 시골에 내려와 정착해 사는 지인과 친하게 지내는데 어김없이 막걸리로 반주를 하여 점심을 먹곤 한다. 이제는 한창 텃밭 일을 하거나 풀을 베고 잔디를 깎을 때 목을 축이는 방법으로 음료수보다 막걸리를 선호하는 편이다. 게다가 술을 마실 수 있는 유일한 운동이 골프인데 추운 날이나 친한 친구들을 만나면 중간쯤에 막걸리를 한두 잔 하곤 한다. 저녁에 반주하면 음주운전이 되니 중간에 마시고 운동, 샤워, 저녁을 먹으며 다 깨고 집에 오는 방식이다.

막걸리는 삼국시대부터 문헌에 등장하지만, 농경사회가 시작되면서 곡식이 발효되는 것을 발견한 오랜 옛날부터 마시기 시작했다는 것이 정설인 듯하다. 조선조 초기의 재상 정인지는 젖과 막걸리가 생김새가 비슷하여 아기들이 젖으로 생명을 키우듯이 막걸리는 노인들의 젖줄이라고 하였다. 시골에 막걸리를 자주 드시는 노인들이 장수하는 것도 이와 무관하지 않다. 학자들이 막걸리의 효능과 항암작용 등을 연구한 것을 보면 단백질이 우유의 반 정도 들어 있고, 유산균도 다량 함유하고 있으며 각종 아미노산과 비타민, 식이섬유, 무기질이 포함된 건강식품이라는 것이다.

이규태 칼럼에는 막걸리의 오덕(五德)을 다음과 같이 표현하고 있다. "취하되 인사불성일 만큼 취하지 않음이 일 덕이요, 새참에 마시면 요기가 되니 이 덕이며, 힘 빠졌을 때 기운을 돋우는 것이 삼 덕이고, 안되던 일도 마시고 넌지시 웃으면 되는 게 사 덕이며, 더불어 마시면 응어리 풀리는 것이 오 덕이다."

정년 후에 시골에 살면서 막걸리를 좋아하게 되고 보니 함축하여 참으로 잘 표현된 문구가 아닐 수 없다. 시인 천상병은 막걸리를 아침에 한 되 사면 한 홉짜리 작은 잔으로 생각날 때마다 마시니 거의 종일 가고 막걸리는 술이 아니고 밥이나 마찬가지며 즐거움을 더해 주는 하나님의 은총이라고 그의 시 〈막걸리〉에서 찬양하고 있다.

몇 년 전에는 젊은이들 사이에 웰빙 열풍을 타고 막걸리가 인기를 얻었고 일본에 대량 수출되어 막걸리 붐을 일으킨 적이 있다. 이때 친구가 시골 양조장을 인수하여 막걸리를 생산, 유통했는데 전국 단위 대규모 공장에서 인지도가 확실한 브랜드와 경쟁해야 하니 재고가 쌓이고 판로가 제한되어 사업을 다른 분야로 전환하였다. 가장 어려운 것이 유통기간이었다. 생막걸리는 한 달도 안 가 상품 가치가 떨어지는데 팔리지 않는 술은 폐기해야만 하였다. 그리고 쌀과 누룩으로 만드니 판매 가격과 비교하여 생산 단가도 높은 편이었다. 그러나 지금도 전국에 면 단위 양조장이 명맥을 유지하고 그중에는 명성을 얻고 전국단위로 확장되는 상표가 있기도 하다.

또한, 사람들의 입맛에 맞추어 다양화되고 고급화되는 추세이며 남아도는 쌀을 이용하여 국산 쌀도 많이 활용되고 있다. 첨가제를 넣지 않고 건강에 방점을 찍은 막걸리도 여러 종류가 시중에 유통되고 있다. 큰 마트에 가면 스무 종류 이상의 막걸리가 진열되어 있고 편의점에도 네댓 종류는 비치되어 있다. 지역마다 특산품으로 개발한 막걸리로 잣, 고구마, 밤, 옥수수, 더덕, 산수유, 울금, 메밀, 복분자, 인삼 등 다양한 막걸리가 유통되고 있으니 소비자로서 반갑기는 한데 고급화된 막걸리는 가격대가 상당하여 주머니가 부담되기도 한다.

막걸리도 술이다. 도수가 약하다고 과음하면 숙취가 오래가는 단점도 있으니 하루에 기분 좋게 두세 잔 이하로 마셔서 육체적, 정신적으로 건강한 삶을 사는 데 보탬이 되게 마시는 습관이 바람직하겠다. 오늘 저녁에도 두루치기와 두부김치가 밥상에 오르니 반주로 막걸리를 한잔할 수밖에.

수석을 보는 눈

　우리는 보이는 만큼 본다. 얼마 전 남해안 끝자락인 신안에 여행을 가서 자은도에 있는 수석박물관을 들렀다. 그곳에서 평생 돌을 수집해 온 관장님과 대화 중 나온 말이다.

　그럴 것이다. 탐석(探石)하러 가서 누구도 관심을 두지 않았던 돌이 어느 눈 밝은 이에게 발견되어 명품 수석의 반열에 오르곤 하기 때문이다. 우리 눈은 시각 인지능력이 제한되어 눈앞에서 일어난 일도 못 보는 경우가 종종 있다고 한다. 또한, 우리의 두뇌는 보고 싶은 것 위주로 보고 듣고 싶은 것 위주로 듣는다. 관심과 주의를 기울이지 않으면 그냥 지나친다고 하는데 정작 자신은 자신이 본 것이 전부라고 굳게 믿으며 착각하고 산다. 수억의 세월 속에 비와 바람과 물에 갈고 다듬어져 더는 버릴 게 없는 예술작품이 된 돌이 옆에 있더라도 보는 눈이 없으면 그냥 지나칠 수밖에 없다. 평생을 돌에 미치디시피 하며 전국과 심지어 해외에까지 나가 맘에 드는 돌을 수집한 사람도 심미안을 가지고 보는 눈이 없으면 명석을 찾기가 어려운 것이다. 게다가 경제 이득이라는 돌의 가치에 집착하는 욕심이 더해지면 짱돌이 명품 수석으로 보일 때도 있을 것이다.

 수석은 고대 중국 사람들이 좋아하여 우리나라에 전래한 것으로 신라의 승전법사가 갈황사에 80여 점의 수석을 수집했었다는 기록이 있다. 조선의 양반가에는 도자기와 함께 집 안 어디쯤 수석 몇 점은 가져다 놓고 감상하는 이들이 많았으며 지금도 전국에 수석 애호가들이 수석 전용 TV도 운용하고 경매도 진행하고 있다. 그중에 박두진 시인은 스스로 500여 점의 수석을 수집하고 300여 편의 수석에 대한 시를 썼으며 3권의 수석 열전 시집을 펴낸 것으로 유명하다. 그는 수석을 자연이 빚어낸 조형예술로 사상과 감정, 정신과 꿈이 모두 담겨 있는 생명체라고까지 하였다. 수석 속에서 자신을 발견하고 수석에 생명력을 불어넣었을 때 무한한 상상력이 발휘되고 수석과 일체감 속에 시가 쓰인다고 했다.

 충주댐이 생기기 전에는 남한강을 따라 단양에서 충주를 거쳐 여주 이포까지 좋은 수석이 많이 나는 지역이었다. 재질이 단단한 검은 오석(烏石)이 주로 발견되곤 했는데 충주에서 자란 나도 수석 수집이 취미인 친구 아버님과 몇 번 돌을 주우러 동행한 적이 있다. 탄금대 합수머리와 목행 다리 근처, 목계 등 시내버스로 갈 수 있는 곳이었는데 강변을 따라 돌들이 끊임없이 펼쳐져 있곤 했다. 종일 돌을 뒤집으며 모양과 무늬를 살피고 이리저리 돌려 보면서 돌 속에 숨어 있는 예술성과 가치를 찾고자 했으나 쉬운 게 아니었다. 어쩌

다 맘에 드는 돌을 주워 친구 아버님께 보여 드리면

"화단에 갖다 놓으면 마당이 살겠다."

라고 하시며 대수롭지 않게, 그래도 실망하지 않도록 말씀하시곤 했다. 그러면서

"김 군, 저렇게 많은 돌 중에 쓸 만한 돌이 몇 개나 되겠나? 사람도 마찬가지 아니겠나?"라고 하셨다.

오후 해거름까지 발품을 팔다가 배낭에 그나마 괜찮아 보이는 돌들을 몇 점 넣고 집에 오면 피곤할 만도 한데 그때부터 그분은 돌을 씻어 좌대에 앉힐 모양을 이리저리 놓아 보며 많은 시간 공을 들이셨다. 그러나 정작 집 안에 그 돌에 맞는 좌대에 앉혀 가지고 들어오는 작품은 일 년에 몇 개 없었고 꽃밭과 장독대 주변에 쓸모없는 돌만 자꾸 쌓이는 정도였다. 그래도 그분 덕분에 수석을 보는 눈과 수석의 기초인 모양, 재질, 크기, 무늬, 구도 등을 건성으로나마 감상하는 취미를 갖게 되었다. 냇가에 가거나 강과 계곡에 훈련 나가서도 심심하면 돌들을 뒤집고 보면서 시간을 보내곤 했다. 지금 우리 집 거실에는 그분이 평생 아끼며 진열대 가장 잘 보이는 곳에서 감상하던 수석이 돌아가시고 난 다음 내게로 와 있다. 자식들에게는 이미 몇 점씩 주셔서 그 돌은 내가 간직하면 아버님이 좋아하실 거라며 친구가 준 것이다. 상당히 큰 오석 재질의 수석인데 곰이 잠이 든 듯도 하고 능선이 부드럽게 뻗어 나간 듯도 한 좋은 작품이다.

그래서 나는 수석에 문외한 티는 벗은 터라 병사들에게 정신교육을 할 때 돌에 비유를 자주 하곤 했다. 자기 집에서는 가장 귀한 보석인 병사들이 군에 들어오면 강가에 굴러다니는 막돌 취급을 받는다. 귀한 것은 희소성이 생명인데 세상에 하나밖에 없는 보물인 옆 전우를 몰라보고 일체화, 규격화된 군 문화에서는 다 같은 돌로 보이고 그렇게 대접하는 것이다. 우리가 수석을 감상할 때 그 속에 숨어 있는 아름다움과 신비함을 찾고 그 돌이 가진 가치를 높게 평가하려고 자세히 본다. 그런데 군에서 단체 생활을 하다 보면 장점보다 단점을 찾아 지적하고 어떻게 하든 꼬투리를 잡아 소위 군기라는 핑계를 대며 괴롭히는 경우가 다반사이다. 상대방이 게으르거나 미숙하여 잘못하면 자기에게 손해를 끼친다고 생각하여 사전에 이를 방지할 목적으로 닦달하는 예도 많다.

심지어 "야! 이 돌대가리야." 하고 심한 욕을 하기도 한다. 그런데 이게 오묘한 말이다. 돌에 글자를 새기면 천년을 가듯이 돌머리에 자신의 나쁜 말을 새기면 평생 간다는 이야기이다. 안도현의 시 〈너에게 묻는다〉를 패러디하여 "돌머리라고 함부로 이야기하지 말라. 돌에 새긴 이의 말은 천년 넘게 기억되리니."라고 우스갯소릴 하였다. 그래서 내 옆에 있는 전우가 아주 귀한, 세상에 하나밖에 없는 보석이라고 생각하고 잘 지내라는 이야기를 했다. 눈은 보려고 하는 것만 보이기 때문에 단점이 아닌 장점을 보는 눈을 가지라고 하였다. 그러면서 같은 수석이라도 보는 눈에 따라 무수한 변화와 상상력을 발휘할 수 있듯이 옆 전우의 인간 내면까지 깊숙이 들어가 바라보면 그가 하는 행동이 이해되면서 잘 보듬어 지낼 수 있을 거라고 얘기해 주곤 했었다.

 신안에서 만난 수석박물관 관장님은 수석을 보고 감상할 뿐 아니라, 수석이 말하는 내력과 전설을 듣는다고도 하였다. 하찮은 작은 돌이지만 그 속에 담고 있는 역사를 꿰뚫어 보는 것이다. 수석 감상에서 배운 대로 세상 모든 만물과 이치를 제대로 볼 수 있는 좋은 눈을 가지면 얼마나 좋을까? 돌의 겉모습만이 아니라 숨 쉬는 돌의 심장을 볼 수 있도록 말이다.

차에 얽힌 사연들

내가 고등학교 시절 국내 최초 양산 차인 '포니'가 출시되었다. 곧 한 가정에 한 대의 자가용 시대가 올 것이라고 언론에서 전망했지만, 시골에서 지낸 나에게는 믿기지 않는 먼 나라 이야기로 들렸었다. 그 시절 마을에 처음으로 버스, 그것도 작은 24인승 버스가 막 다니던 시절이었으니까.

군 생활을 시작하면서 군용 지프를 자주 타기 시작했고 차와 친숙해져서 운전면허도 초급장교 시절 딸 수가 있었다. 당시 군용 지프는 사륜구동에 프레임 차대 구조로 되어 있어 튼튼하기는 하였으나 무게중심이 높고 차폭이 좁으며 안전띠마저 없는 데다가 운전병들이 수송학교에서 배운 서툰 실력이라 안전에는 취약한 점이 많았다.

중위 시절 GOP 부대에 가다가 높은 고개를 거의 다 내려올 때쯤 앞바퀴가 빠져 튕겨 나가고 차는 산기슭에 처박히는 사고가 있었다. 고개 꼭대기에서 그랬거나 길 반대편 계곡으로 떨어졌다면 상상하기도 싫은 일이 발생하였을 것이다. 앞에 탔던 과장 얼굴이 샛노랗게 변하여 내리면서 하는 말,

"휴! 목숨줄 긴 너를 태워서 다행이다."
라고 위로를 해 주었다.

한번은 군용트럭을 이동지휘소로 개조하여 훈련에 참여하였는데 봄이 되면서 눈이 녹아 질척거리는 비포장도로 정상에서 브레이크가 말을 듣지 않았다. 다행히 대우를 넣어 빨리 가속은 붙지 않았는데 그렇다고 세울 방법이 없었다. 길 좌우에는 병사들이 행군해 가고 있는데 "비켜!" 하고 고함을 치며 지나가다가 그나마 평평한 지형이 나와 산 쪽으로 차머리를 틀어 세웠다. 나중에 안 일이지만 군용트럭 브레이크는 유압식으로 되어 있는데 미끄러질까 봐 자주 짧게 밟은 게 화근이었다. 그러면 에어가 차서 더는 브레이크의 역할을 못 한다고 수송관이 와서 운전병을 혼내는 것을 옆에서 지켜보았다. 지금도 그렇겠지만 산 정상에 있는 높은 관측소나 지휘소를 차로 오르거나 내려올 때 얼마나 가파른지 보닛만 보이고 앞 도로가 안 보이는 길을 잘도 지나다녔다. 지금 생각하니 아찔하다.

우리가 차를 처음 산 것은 경남 진해에서 교육 중일 때였다. 첫 아이가 태어나고 내가 철원으로 전출 가고 아내는 복직해야 하는 어려움을 극복하는 방법으로 자가용을 장만했다. 보안 문제로 부대에는 들어오지 못해 차를 정문에서 받았는데 정문 턱을 넘지 못해 끙끙대던 때가 엊그제같이 생생하다. 얼마 전에 면허를 딴 아내가
"비켜 봐요."

Ⅰ. 젊은 날의 고뇌　43

하고 타더니 쑥 올라가서 참 민망한 적이 있었는데 어차피 그 차의 임자를 알아보는 듯했다. 며칠 후 아내가 차에 옆집 새댁을 태우고 시내에 나갔다가 접촉사고를 냈다. 쌍방 과실로 옆을 살짝 부딪쳤는데, 와서 하는 말이
"우리 차는 말짱한데 그 차는 쑥 들어갔어."
하며 개선장군이라도 된 듯이 차가 튼튼하다고 얘기했었다.

전방에 가니 군 아파트와 관사에 차를 가진 집은 선배 한 사람과 우리뿐이었다. 우리 차는 기아에서 나온 프라이드였는데 부러운 이들은 생기다 만 차라고 비아냥댔다. 처음 진해에서 고속도로를 타고 장거리 운전을 번갈아 하며 갔는데 아내가 더 숙달되어 잘하는 듯 속도를 내곤 했었다. 그 차 덕분에 주말부부 생활을 이어 갈 수 있었고 훈련장 위문이나 전방 행사에도 가끔 이용되기도 하여 아내의 별명이 '프라이드 아줌마'가 되었다. 이천에서 철원까지 아침 자욱한 안개를 뚫고 달리고 눈길을 헤집으며 차가 옆으로 미끄러지는 일도 있었으나 용감한 아내는 별 탈 없이 잘 다녔다.

큰아이 세 살 때 시골 부모님 댁에 가다가 반대 방향에서 추월해 오는 정신 나간 아줌마로 인해 심하게 부딪힌 후 배수로에 빠져 차가 크게 찌그러진 적이 있었다. 아내가 운전하고 나는 딸을 안고 있었는데 그 와중에도 무의식중에 딸을 꼭 끌어안고 있어서 다치지 않았다. 아내와 나도 충격으로 인한 뻐근함 외에는 다친 곳이 없는 천

만다행인 사고였다. 그때 폐차하고 다른 차를 샀어야 했는데 정비하여 받은 차를 타고 다니다가 고속도로에서 바퀴가 심하게 흔들리고 자세를 잡지 못하여 옆길에 세웠다. 견인차로 정비소에 갔더니 차 전체의 균형이 틀어져 있어서 위험하다고 했다. 어쩔 수 없이 새 차를 구매하여 운행할 수밖에 없었다. 차가 없으면 아내가 학교 출퇴근을 할 수 없고 주말에 장모님한테 맡겨 둔 딸아이를 데려오거나 보러 갈 수가 없어서였다.

그러다가 대대장을 마치고 사단사령부에 오니 자가용을 가진 초급장교를 포함하여 많은 이들이 차를 가지는 시대가 되어 있었다. 한때는 계급 낮은 사람이 자기보다 큰 차를 사면 혼내는 시절도 있었고 초급간부 중 아버지가 사준 승용차를 부대 정문에 못 가지고 들어오게 한 일도 있었다. 차에 대한 문화가 낯설고 급격하게 변화하는 시대 상황에 마음이 따라가지 못해 생긴 일이다. 하기야 집마다 자가용이 있고 컴퓨터가 일상화되어 사무와 금융이 온라인으로 연결된 것이라든가 휴대전화는 거의 상상조차 못 했던 일이니까.

그 후에도 몇 번의 차량 교체가 있었고 어느 시절부터인가는 아내와 내가 각각의 차를 타고 있다. 전역 기념으로 고생했다고 작은 차지만 외제차를 선물하기도 했다. 그랬더니 아내가 정년퇴임을 하면서 나도 좋은 차를 선물 받았다. 이제는 막내까지 운전면허를 따서 집에 내려올 때면 단기보험을 들어 운전을 연습하곤 한다.

1903년 고종의 어차로 미국의 포드 승용차가 우리나라에 들어온 이후 이제는 세계 5위의 자동차 대국으로 도약하였으니 경천동지할 만큼의 변화가 있었다. 고속도로가 생길 때와 차가 대중화될 때 반대하는 이들은 석유 한 방울 나지 않는 나라에서 무슨 도로와 자동차냐고 한 적이 있었는데 참 근시안적인 안목이었다. 석유가 나지 않으니 정유공장이 들어서서 재수출하고 남은 찌꺼기인 콜타르로 도로포장도 하고 자동차산업과 파생시킨 관련 산업으로 우리가 잘 먹고 잘살게 된 것인데 말이다. 다행히 자동차를 운전하면서 큰 사고 없이 나와 우리 가족을 지켜 주신 하나님께 감사드린다.

욕망과 권태 사이

⋮

인생은 욕망과 권태 사이를 오락가락하는 시계추와 같다. 쇼펜하우어가 한 말이다. 살아 보니 공감이 된다.

우리는 어려서 꿈을 꾸면서 장단기 목표를 세우지만, 어느 시점부터는 자기 능력과 현실 사이에서 타협점을 찾는다. 자신이 무엇을 원하고 무엇을 할 수 있는지, 이를 위해 무엇을 어떻게 해야 하는지를 고민한다. 다행히 스스로 세운 목표를 향해 매진함으로써 사회에서 인정하는 성공을 이루는 이도 있고 어리석은 욕망에 빠져 고통스러워하는 사람도 생긴다. 돈은 교환을 위한 수단으로 인간이 만들어 낸 도구일 뿐이지만 평생 돈을 벌기 위해 사는 사람처럼 욕심을 부리고 사는 이도 있다. 나는 고등학교 시절 사관학교에 들어가면 나라를 위해 헌신하겠다는 생각도 했지만, 가정형편과 실력에 맞추어 최선이라고 선택했음이 맞다. 그때까지는 공부만 하는 샌님인 데다가 남 앞에 나서기도 부끄러워하는 내성적인 학생이었는데 현실을 받아들여 씩씩한 군인의 길을 택한 것이다.

군인이 되고 보니 '안 되면 되게 하라.' '무(無)에서 유(有)를 창조하라.' '참아라, 참아라, 또 참아라.' 등의 구호와 함께 긍정 만능 속으로 사람을 집어넣었다. 과거의 종교적, 철학적 가르침은 '해서는 안 된다.'가 주였는데 현대에 와서 '할 수 있다.'라는 성과 위주의 구호가 지배하는 사회가 된 것이다. 성공을 위해서 가장 강조되는 것이 바로 긍정의 정신이고 그로 인해 자아를 짓누르게 되며 오직 능력과 성과를 통해 존재감을 확인하려고 들었다. 무엇이든 할 수 있다는 생각은 폭력적이고 비이성적이지만 성공을 위해, 살아남기 위해 뛰어넘어야 할 규율 같은 것이었다. 더 큰 성과를 올려 진급하고 인정을 받으려는 남에게 보여 주기식 삶 속에 살아왔다. 내가 누구이고 어디로 가는지는 중요하지 않고 사색이나 영감에 끌리지 않았으며 그저 앞만 보고 달려왔다. 피로가 쌓이고 피곤해지더라도 할 수 있는 능력이 부족해지는 걸 걱정하며 그저 극복해야 할 상황으로만 받아들였다.

현대인들 대부분이 '더 빠르고, 더 많이'를 주문하며 우리 삶의 질을 편리함과 풍요라는 이름으로 포장하여 자신을 희생시키며 살아간다. 부모님의 자식이고 아내의 남편이며 아이의 아버지로 참 열심히 일한다. 내 아버지를 보면 결코 무관심했던 게 아니라 체면과 자존심과 미안함 같은 그것이 어우러져서 마음을 쉽게 나타내지 못했고 굳은살 박인 손을 감추셨다는 것을 뒤늦게 깨달았다. 나도 아마 그랬을 것이다. 이 세상 어디에도 완벽한 아버지는 없지만, 모든 아버지는 언제나 무한한 사랑을 주고 싶어 한다. "더럽고 치사하고 아니꼽고 슬프고 무섭고 힘겨워도 꿋꿋이 버텨 낸 이유는 지켜야 할 사람이 있기 때문이었음을, 가족이 있었고 내가 있었기 때문이었음을, 다른 누구도 아닌 아빠의 이름으로 살아야 했기 때문이었음을." 〈응답하라 1988〉 드라마에 나오는 성보라의 대사인데 그걸 듣고 나도 모르게 울컥했다.

그러다가 일본인이 정년 후 남성을 이르는 말인 '젖은 나뭇잎(누레오치바)'으로 변하여 아내 곁에 착 달라붙어 지내는 신세가 되었다. 속세에서 내가 짊어진 의무를 다하고 나면 대접받으며 가족과 함께 행복하게 살 수 있다고 믿었는데 '이런 게 아닌데.' 하고 다시 의심하게 된다. 성취라는 짧은 순간의 행복감은 눈 녹듯이 사라지고 또다시 공허하고 헛헛하게 채워지지 않는 빈자리가 마음 한편에 생겨나곤 한다. 자식들은 일만 하다가 자신이 성장통으로 아파할 때 함께 있어 주지 않은 아빠와 어느 정도 거리감을 두게도 된다. 그들은 다 자기 스스로 큰 듯이 어설픈 모양새를 한다. 지금까지 이 악물고 몸부림치며 희생해 왔던 나의 수고는 한 칸의 집이 되고 가구가 되어 바람을 막아 줄 뿐이다. 그나마 가정에서 발붙일 공간이 있다는 것은 다행이다. 집 안에서조차 있을 곳이 마땅하지 않고 갈 곳도 없으며 특별히 할 일도 없는 권태 속으로 방황하며 힘들어하는 이들도 많은데 말이다.

누군가는 이래서 안 되겠다 싶어 열심히 배우러 다닌다. 지방자치단체의 평생학습 프로그램에서 자신의 특기와 취미를 살리려 해 보고 싶은 과목에 다양한 시도를 한다. 할 게 갑자기 너무 많아진다. 춤도 배우고 서예, 색소폰, 기타, 어학, 노래 교실에 오카리나 연주 등 하루가 금방 지나간다. 운동도 걷기부터 수영, 스크린골프, 당구 등등 열심히 한다. 아직도 회사형 인간 모양을 못 버린 탓이다. 새벽에 나가서 밤늦게까지 열심히 살았던 예전 자기를 연장하려고 든다. 배운다는 것은 자기가 알고 있는 것을 강화하려는 의미도 있지만, 지극히 좁게 알고 있는 세계를 무너뜨려 진정한 자기를 찾는 과정임을 알 때도 되었다.

이제는 비울 나이이다. 자기 비움이란 알게 모르게 습득한 편견과 오만을 끄집어내어 가볍게 하는 행위이다. 비움은 아무것도 안 하는 것이 아니라 적극적으로 자신의 욕망을 덜어 냄으로써 더 버릴 게 없는 상태를 만드는 일이다. 멀고 먼 길을 돌아왔으니 평안을 얻을 때이기도 하다. 의도적으로 습관적으로 하던 나 자신을 멈추고 체면과 인정받으려는 자신에 선을 긋고, 깊은 마음의 연못에 빠져들어야 할 때이다. 나를 보고 또 보며 어제의 나와 단절하여 하나님이 내게 주신 고유한 임무가 무엇인지를 찾아가는 위대한 개인이 되려고 노력해야 할 때이다. 자연의 섭리대로 자신의 마음을 배열하는 지혜를 가꾸어 가는 시기이다.

이 해답을 오스트리아에서 소록도에 와 평생을 희생과 봉사로 헌신하신 마거릿과 마리안느 수녀님한테서 찾았다. 나이가 팔십이 넘자 자기가 짐이 될까 두려워 편지 한 통을 남기고 올 때 가지고 온 검은 가방 하나 들고 고국으로 떠나신 숭고한 사랑에 절로 고개가 숙어졌다. 생면부지의 한센병 환자들을 맨손으로 껴안으며 살았던 자비의 삶으로 하나님을 대신하여 이 땅에서 진정한 소명을 실천하고 떠난 것이다.

인생이란 나이 들어 가며 잘 산다는 것이 젊어 힘써 살았던 시절보다 훨씬 더 어렵고 고민스러운 삶이라는 걸 깨닫는다. 권태로울 시간이 없다. 자기 삶의 밑바닥까지 있는 그대로 바라보는 지혜를 찾아야 한다. 위대한 개인은 아닐지라도 소록도 수녀님처럼 비우고 떠날 때는 알아야 하지 않을까?

연애하는 풍경

 연애가 결혼의 앞 단계라는 말은 한참 시대에 뒤떨어진 생각이다. 요사이 젊은이 중 결혼을 반드시 해야 한다는 이가 절반 이하라는 설문 결과가 언론에 보도되었다.

 지금 청춘남녀의 연애는 사회가 발전하고 빠르게 변화되는 현상과 흡사한 행태를 띠고 진행되는 듯하다. 처음에는 가까운 사이더라도 서로가 사귄다고 인정하지 않는다면 연애 관계는 아니다. 소위 '썸'을 타는 단계이다. 그러다가 '사귀자.'라고 하여 첫째 날이 지나고 나면 열흘, 백일 등 숫자를 세며 계산해 나가기 시작한다.

 이때부터 휴대전화가 연애를 급속히 빠른 속도로 진행하는 데 일조한다. 만나고 헤어지자마자 문자로 대화하다가 영상통화를 거쳐 다시 문자로, 깨어 있는 시간 내내 서로를 놓아주지 않는다. 그리움을 쌓아 생각할 겨를도 없이 연애하는 대상 외에는 세상에 아무도 없는 듯하다. 생일과 밸런타인데이는 물론이고 무슨 날이라도 만들어 만나고 선물을 주고받고 서로를 확인한다. 그러니 돈이 없으면 연애도 하기 힘들겠다.

　연애 상대를 고를 때도 자본주의 특성이 나타난다. 상대를 꼼꼼히 따지며 공정한 거래나 남는 장사를 하려고 한다. 그나마 여성은 어느 정도 나쁜 조건이라도 눈만 조금 낮추면 남자를 만나기가 수월한데 남성은 외모, 키, 체중, 학력, 재력 등 자신의 스펙을 갖추지 못했을 때 선택받기는 쉽지 않다. 일단 성비의 차이가 나는데 집안의 혈통을 잇는다는 남아선호사상 때문에 동시대 남자가 더 많은 탓이다.

　순수하고 정신적인 연애를 하기에 세상이 너무 혼탁하다. 인터넷에는 온갖 성(性)과 관련된 음란물이 돌아다닌다. 눈 뜨고 못 볼 장면들이 중고등학생은 물론이고 초등학생까지 퍼져 못 보거나 안 보는 아이들이 바보가 되는 세상이다. 최근에 만난 중학교 선생님은 학생들이 서로 만나면 성관계에 대한 책임감이나 신비로움도 없이 스포츠 하듯이 군살을 빼듯이 하는 풍조가 생겨난다고 하는 충격적인 이야기를 전했다. 과거에는 연애 대상에 대하여 아무리 애틋한 감정이 생기더라도 그것을 표현하는 것조차 터부시되어 '남녀칠세부동석(男女七歲不同席)'이라는 말이 생겨날 정도였는데 말이다.

　연애를 통해 상대방을 알아 가며 사랑이 열매를 맺는 모습은 동화와 소설, 영화와 드라마에 단골 메뉴이고 연애와 사랑을 주제로 한 노래는 또 얼마나 많은가? 만나고 헤어지며 아픔을 겪기도 하지만 연애의 아름다운 관계가 서로에게 얼마나 좋은 영향을 주고받는지 보여 준다. 연애할 때 뇌에서 행복과 성취감, 의욕과 관계되는 신경전달물 질인 도파민의 분비가 촉진되면서 엄청난 행복감과 동기부여를 받음 을 볼 수 있다. 그런데 누군가는 장난하듯이 상대를 대하고 바꿔 가며 자기 몸을 함부로 놀리면서 싼티 나는 연애를 하는 것이다.

결혼 풍속도 많이 변해 가는 듯하다. 자식 잘 키워 신분 상승의 사 다리로 삼거나 한몫 단단히 챙기려는 경우도 자주 본다. 일등을 하 면 모든 게 용서되는 시대에 살아와서 타협과 양보도 없이 맘에 들 면 우선 쟁취하고 이기는 결혼을 하려고도 한다. 수단 방법을 안 가 린 채 돈 많고 능력 있는 상대를 얻으려고 한다. 결혼정보회사에서 는 사람의 얼굴, 키, 체중, 나이, 직업과 직위, 재력, 학력 등을 지표 화하여 부분별로 점수를 매기고 수능 성적표처럼 종합점수를 산출 하여 상대방과의 매칭을 주선한다고 한다. 철저히 계산된 관계인 것 이다. 사람과 세상살이를 이처럼 단순하게 수치화할 수 있다면 얼마 나 좋을까?

모든 인간에게는 그 깊이를 잴 수 없는 심연의 바다가 내재해 있 다. 세상에는 영겁을 가도 도달 못 하는 우주가 있고 다른 차원의 영 혼 세계도 있다고 믿는데 수치화된 잣대로 재단할 수 있을까? 그러 니까 얼마 못 가서 황폐한 관계로 변질하는 모습을 자주 접하게 된 다. 첫눈에 반하여 매력에 끌리며 콩깍지가 쓰이는 기간은 삼 개월에서 길어야 이 년을 넘지 못한다고 한다. 처음 설렜던 감정만이 사랑이라고 착각하고 생각과 몸이 반응하는 대로 연애하는 기간이다. 이는 '멋진 그림을 그리고 싶어 하는 사람이 그림 그리는 기술과 이론은 배우지 않고 그저 아름다운 대상을 찾으면 걸작을 그릴 수 있다고 믿는 것과 무엇이 다른가?'라고 에리히 프롬은 주장하고 있다.

그러니 요즘은 성숙한 사랑을 하기에 너무 어려운 사회가 되었다. 자본주의가 극대화되면서 모든 잣대가 유물론적으로 매겨지고 그 가치가 비슷한 수준끼리 교환하려는 물질 만능 사회가 된 것이다. 누군가에게 사랑받기 위해서는 자신이 좋은 상품이 되어야 하는데 능력과 경제력뿐 아니라 성형을 통하여 자신 외모까지 변화시키곤 한다. 얼굴만 아니라 가슴, 다리, 뱃살과 허리까지 원하는 대로 의료시술을 받는 살벌한 사회로 변모하였다. 내면의 성향이나 기질, 인간성까지 성형할 수 있으면 좋으련만 메마르고 계산적인 생각과 성품은 바꿀 수 없는 게 문제이다. 얼굴 잘생기고 괜찮은 직장에 다니는 젊은이 중에 정말 고귀한 성품을 지닌 이들이 얼마나 될까? 내면을 가꾸고 풍요롭게 생각하며 양보도 하고 때로는 손해도 보면서 인생을 길게 내다보며 오랜 관계 형성을 위해 노력하는 젊은이가 많았으면 좋겠다.

연애의 연(戀)은 한쪽에서 일방적으로 그리워함을 가리키고, 애(愛)는 서로 마음이 오가는 상태의 친밀한 감성을 나타내는 말이다. 그러므로 연애는 남녀가 서로 애틋하게 그리워하며 사랑하는 것을 의미한다. 그러기 위해서는 조금 멀리 떨어져 객관적으로 바라보는 관조의 시간이 필요하고 자신의 의지와 믿음에 대한 확신이 필요하며 상대방에 대한 책임과 결단이 필요한 행위이다. 상대방에게 사로잡히기 전에 사랑을 배우려고 노력하고 즉각적인 욕망을 갈구하기보다는 단계적으로 발전하는 관계를 지향해 나가야 할 것이다. 세상이 아무리 험하고 이기적이며 계산적이라 하더라도 아름다운 사랑을 꽃피울 수 있는 공간은 아직도 넓게 펼쳐져 있다고 생각한다.

온 세상의 젊은이들이 성숙하고 아름다운 사랑을 추구하는 연애를 통하여 행복해졌으면 좋겠다. 각박해지는 세태가 이들로 인해 훈훈해지고 생명 탄생의 신비가 가득한 사회가 되었으면 좋겠다. 급속히 변해 가는 현실을 닮기보다는 사랑의 본질에 가까운 상호존중과 성장을 돕는 관계로 연애하기를 바란다.

잘 쉬고 잘 놀자

내 삶이 만족스럽고 재미있을 때면 가끔 부모님들이 생각 밖으로 나오신다. 어김없이 고마움이 느껴지지만 미안함과 죄스러움도 교차한다. 나만 잘 놀고 잘 사는 듯해서이다.

일제 강점기에 태어나 6.25 전쟁을 겪은 이들에게 논다는 것은 개념 자체가 없었다. 쉰다는 것도 송구스러움을 표하며 어쩌다 엉덩이를 땅에 대고 온몸을 눕혔다. 온종일, 일 년 내내 종종거리며 일만 하는 게 미덕이었고 그렇게 살아왔다.

특히 여자들에겐 더 가혹하게 몸 쓰는 일이 요구되었다. 새벽에 일어나 많은 식구 밥을 지어 먹이고 나면 산더미 같은 설거지를 찬물에 맨손으로 하였다. 동시에 소여물을 끓여 주고 밭에 나가 일을 하다가 바로 점심상을 차리고 오후에도 농사일을 계속하다가 해가 넘어갈 때 집에 들어와 다시 밥을 지었다. 틈틈이 손빨래하고 청소하고 물을 긷고 산에서 고사리를 꺾고 나물을 캐며 바느질과 어느 집에선 길쌈도 했다. 땅이든 삶이든, 빈틈이라곤 보이지 않게 살았다. 자식이 있는 이들은 가끔 기저귀를 갈고 젖을 물려 최소한 양육을 했지, 어르고 달래며 그들과 눈을 마주치는 살가운 육아를 못 한 채 일에 파묻혀 살았다. 시동생이 자기 자식과 연배가 비슷하기라도 하면 그나마 눈치를 보아 가며 아이 곁에 가곤 했다.

여자는 공부시키면 되바라지기만 한다고 학교에도 보내지 않았다. 평생 배움에 목말랐으나 공부의 즐거움을 모른 채 살아야 했다. 부모와 집안 대소사를 챙기느라 젊은 시절 다 보내고 나서도 자식들 뒷바라지에 해가 짧았다. 자신이 못 배운 한을 자식들을 통해 대리만족하는 듯 몸이 부서지라 일하며 그들을 가르쳤다. 그래서 배는 곯아도 학교는 보내야 하는 게 당연한 거였고 자신을 위해 옷 한 벌 못 사고 고기 한 번 못 먹었으며 여행은 꿈도 꾸지 않았다. 산업화 시대에는 근면, 성실, 절약이 미덕이었다. 누구나 허리띠를 졸라매고 한시도 쉼 없이 일하며 세월을 달려왔다. 그게 당연하고 그렇게 사는 게 인생을 잘 사는 것으로 치부하였다. 온몸에 골병이 들어도 조상님과 부모님 지극정성으로 모셨고 자식들 살뜰히 키워 냈다.

그러한 희생을 발판 삼아 우리나라가 한강의 기적이라는 신화를 썼으며 전쟁의 폐허를 일으켜 세계 강국이 되었다. 평균 수명이 짧았던 부모님 세대에는 모든 인생 설계와 정년, 국가 정책이 오십에서 예순 살에 맞추어져 있었다. 회갑 전에는 소처럼 일만 하고 이후에는 곧 인생의 마지막을 맞이하리라는 예측을 하며 살았다. 어쩌다 보니 칠순을 넘겼고 팔순도 지내는 행운을 얻었는데 그럭저럭 아무 것도 계획하지 않고 죽을 날만 기다리며 뒷방 노인네로 지내는 날이 많았다. 평생을 놀아 본 적 없고 노는 방법도 모르니 텃밭에서 농사짓고 풀 뽑는 그것을 유일한 취미이고 즐거움이라 여겼다. 논다는 것은 나이 들어 자식 출가시키고 노인정에 가서 화투패 맞추는 게 고작이었다. 그때부터는 가끔 동네에서 꽃놀이도 가고 자식들 따라 바닷가도 가곤 했다.

 워라밸(일과 삶의 균형)이니 웰빙(참살이)이니 저녁이 있는 삶이니 재미가 돈이 된다느니 하는 여가와 즐거움에 대한 인식이 일반화된 것은 근년에 이르러서이다. 지식정보사회가 되어서야 근면과 성실만이 덕목이 아닌 창의성과 행복이 중요한 화두가 되었고 더는 절약이 아닌 잘 쓰는 소비가 미덕이 된 시대로 바뀐 것이다. 이제는 백세시대에 맞추어 살아가는 인생을 설계하기 시작했고 즐기는 법을 알려고 여기저기 기웃댄다. 놀면서 건강해지기 위한 각종 운동이 활성화되고 건강 보조식품이 일반화되었으며 인지장애를 극복하려는 처방도 다양화되었다.

 돈을 버는 이유는 자기가 하고 싶은 것들을 마음대로 하기 위한 도구라는 인식도 하게 되었다. 마냥 돈의 노예처럼 살았던 경제관념이 조금은 바뀌기 시작하여 놀이처럼 일하고 재미와 즐거움이 경제의 한 축을 차지하는 시대가 오기 시작했다. 놀이 문화가 급속히 퍼져 재미있는 곳에 사람들이 몰려든다. 여유가 있는 나이 든 이들은 물론 젊은이들도 인생을 즐기며 잘 살려는 의식이 분명해지고 있다.

삶을 즐기는 법은 크게 두 가지로 나눌 수 있는데 자기를 완전히 잃어버리는 몰입의 상태로 들어가는 방법과 온전한 자기를 찾는 방법이다. 조기축구를 하거나 테니스와 배드민턴을 할 때, 골프와 등산을 할 때는 자신을 잊고 몰두하는 즐거움이 있다. 게임 하기, 음악 감상이나 영화 보기 등을 하면서도 나를 잊어버리는 몰입의 상태를 경험한다. 가장 몰입도가 높은 행위는 학습하는 것이다. 책을 읽고 문제를 풀고 외우고 추론하며 집중하는 공부의 즐거움을 알아 가는 사람들은 정말 행복한 이들이다. 세상과 경쟁하여 이겨 내려는 공부, 즉 입시를 위한 공부와 남이 가진 돈을 얻어 내려는 공부, 즉, 취직하려는 공부는 지겹고 어렵기만 하다. 그러나 인생의 어느 시기에 반드시 거쳐야만 하는 통과의례일 뿐 공부하는 즐거움은 평생 꾸준히 삶에 활력소를 준다. 까막눈이 할머니가 한글을 깨치고 나서 쓴 시 한 편이 크게 울림을 주는 이유이고 죽을 때까지 공부해야 하는 이유이다.

반면 나를 찾아가는 여정도 즐거움을 준다. 가끔은 '멍'때리는 여유와 사색의 숲을 거니는 느림의 발걸음은 어린 시절부터 미래의 나까지를 불러내어 함께 이야기할 수 있다. 혼자 조용히 명상하거나 훌쩍 여행을 떠나 낯섦을 마주하는 일, 내 삶의 의미와 가치를 찾기 위해 봉사활동을 하거나 착한 일을 하는 행위도 즐거움이다. 욕구 단계 중 자아실현이 가장 상위에 있는 이유이다. 마라톤은 자기를 잊는 몰입인지 아니면 자기를 찾아가는 처절한 고행인지 잘 구분이 되지 않는다. 어찌 되었든 즐거움을 찾는 것은 자신이 좋아하는 일을 하는 것이다.

나는 여행과 운동을 하고 책을 읽고 텃밭을 가꾸며 일하는 것이 노는 것이고, 노는 것도 잘 쉬어 가며 한다는, 애매하지만 분명한 개념을 정립하여 산다. 보람을 찾고 삶의 의미를 깨닫기 위한 여정은 계속하지만 크게 욕심부리지 않고 무리하지 않는 일정을 소화하며 노년을 보내려고 한다. 오랫동안 잘 놀기 위해 건강을 챙기고 잘 쉬는, 나이 듦을 가꾸어 가는 삶을 산다. 가끔은 잠자리에 들 때 부모님께 감사하면서도 나만 누리는 듯하여 송구스러움이 함께한다.

게으름과 여유

나는 원래 게으른 사람이다. 사람의 기질에는 게으른데 할 일이 많아 움직일 수밖에 없는 이들과 바지런하여 뭐라도 해야 직성이 풀리는 사람들이 있다. 나는 전자의 성격을 가졌다.

게으른 사람은 통상 느긋한 성격인데 사람 좋다는 말은 자주 듣지만, 실속이 없는 경우가 많다. 성적이 오르지 않는 아이들이 대부분 이런 유형의 성향이다. 이들은 잘만 성장하면 행복해질 수 있는 많은 장점이 있으나 공부하라고 닦달하며 괴롭히는 어른들 덕분에 비뚤어지는 경우가 종종 있다. 독한 성격의 아이들이 공부를 잘한다는 얘기와 일맥상통하는데 고등학교 시절 일기장을 보면 느긋한 성격을 스스로 나무라며 독해져야 한다고 자책한 글들이 많다. 학업의 성패는 능력 부족, 즉 지능지수가 낮은 경우이고 그다음이 게으름인데 본인과 부모는 게을러서 공부를 못한다고 생각한다는 통계가 있다. 빈둥거리고 놀기를 좋아했지만, 항상 성적은 상위권이었던 나의 예를 봐도 백번 맞는 말이다.

게으름은 동서고금을 막론하고 부정적인 평가를 받아 왔는데 그나마 게으름이 창의적이고 통찰력을 갖게 하는 부분과 휴식의 의미를 부여받은 것은 버트런드 러셀의 《게으름에 대한 찬양》 덕분이라고 생각한다. 러셀은 치열한 생존경쟁에서 맹목적으로 정신없이 뛰고만 있는 현대인에게 "우리의 삶이 제대로 인간적으로 되려면 거기에는 느림이 있어야 한다."라고 누구나 알면서도 모르는 진리를 새삼 깨우쳐 주었다.

"게으른 사람은 살아 있는 동안에도 죽어 있는 것과 다름없다."라고 한 소크라테스나 "게으름은 우리를 불행하고 비참하게 만든다."라는 벤저민 프랭클린이나 "게으름은 인생의 낭비이다. 게으름은 우리에게 아무것도 주지 않고, 오직 빼앗기만 한다."라고 레오 톨스토이는 말했다. 반면, "게으름은 우리의 적이 아니라, 우리의 친구이다. 게으름은 우리에게 휴식을 주고, 우리의 몸과 마음을 회복시켜 준다. 게으름은 우리의 창의력과 생산성을 높여 주고, 우리의 삶에 즐거움과 만족감을 가져온다."라고 러셀이 말한 것이다. 최근에 와서 게으름이 인간의 장점이라든가 필요악이며 인생의 복이자 재미이고 선물이며 치료제라고 말한 이들이 생겨났다. 그러나 그 뒷면에는 꼭 부정적인 내용도 따르는데 게으름은 무관심하고 무감각하게 만들고 책임감이 없으며 **목표**를 이루게 하지 않는다는 등이다.

개중에는 능력이 있음에도 행하지 않고 발휘하기 싫어하는 게으름과 성급하게 굴지 않고 너그러운 마음의 상태인 여유를 혼동하는 예도 있다. 하루는 저녁이, 일 년은 겨울이, 일생은 노년이 여유로워야 한다고 말하는데 이를 위해서는 아침부터 부지런히 일해야 하고 봄에 열심히 씨를 뿌리고 가꾸어야 하며 젊은 날 온 정열을 불살라 살아야 가능한 일인 것이다. 결코, 게을러서는 여유를 찾지 못한다는 말이다.

 내가 정신없이 바빴던 초급장교와 중대장 시절을 마치고 진해에 있던 육군대학에 입교했을 때의 일이다. 아내가 육아 휴직을 얻어 함께 내려왔는데 그동안 소홀했던 음식을 세끼는 물론 공부 잘하라고 야식까지 챙겨 주었다. 바다가 가까운 곳이라 각종 회에다 새우와 생선튀김, 신선한 채소와 과일에 고기구이 등 매일 푸짐한 밥상을 받았다. 그런데 드디어 나의 게으른 성향이 나타나기 시작했다. 모처럼 지휘 부담과 업무책임감에서 해방되고 병사들과 매일 함께 했던 체력단련이 자율화된 것이다. 오전에는 그나마 견딜 만했는데 오후에는 어김없이 수업 시간에 낮잠을 즐겼고 밤에도 졸음을 극복하지 못하는 날이 계속되었다. 운동도 걷는 둥 마는 둥 하고 와서는 맛있는 저녁을 푸짐하게 먹곤 했다.

 첫 시험이 끝나고 처가에 인사 가서 큰절하는데 바지 엉덩이 이음새가 뜯어지는 낭패를 보았다. 두 달 사이에 몸무게가 8kg 불어나서 찐 살이 옷 바깥으로 삐져나온 것이다. 성적표를 받는 순간 아찔함과 위기감은 지금도 어제 일 같다. 내 성격상 빈틈을 주면 어김없이 게을러지는 걸 보여 준 사례라 하겠다.

그 이후에는 게을러지고 싶어도 그럴 수 없는 생활이 계속되었다. 제때 퇴근 못 하고 휴일 편히 쉬지 못하며 휴가 찾아 즐길 여유도 없이 살아왔다. 내가 가는 보직마다 일이 쌓여 있다는 착각이 들 정도로 부대와 업무에 매달려 살았다. 아이들 입학, 졸업식에 참석해 본 적 없고 어려운 시험 칠 때 옆에 같이 있어 준 적도 없다.

그러다가 진급에서 빠지어 한직을 전전하게 되면서 여유와 함께 게으름을 피우기 시작했다. 서울에서 예비군을 관리하는 지휘관을 할 때는 사무실에서 거의 나오지 않았다. 아니, 나오지 못했다는 표현이 맞겠다. 병력이 최전방 지휘했던 부대와 비교하여 다섯에 하나도 안 되는데 대대장과 참모는 편제대로 보직되어 있었다. 2층에는 내 사무실이 있고 1층에는 대대장들이 있으며 병사들도 한 건물에 있으니 그냥 죽치고 방 안에 있는 것이 도와주는 것이라는 생각이 들어 그대로 했다. 가끔 예비군지휘관이 근무하는 동사무소나 구청을 들르곤 했는데 거기에서도 공무원과 방위병이 얼마나 부담스러워하는지 안 가는 게 상책인 듯하였다. 예비군 훈련 시에도 교육 감독을 나갈라치면 대대장과 참모가 수행하지, 열심히 한다는 걸 보여 주기 위해 예비군지휘관들이 닦달하니 예비군들은 힘들어하지, 가려고 해도 자주 갈 수 없는 처지였다.

그래서 퇴근도 일찍 하고 혼자 잘 지내는 방법을 터득하여 골프 연습도 하고 책도 읽으며 지냈다. 가끔은 주임원사가 선발(?)한 부대 적응을 어려워하는 병사들을 데리고 북한산 자락을 올랐다가 밥을 사 주고 참모들과도 운동, 등산 등으로 자주 어울렸다. 대대장들과는 회의보다 회식을 한 달에 두 번 정기적으로 했는데 한 번은 내가 한 번은 대대장들이 돌아가면서 내었다. 술 한잔 들어가면 깊은 속에 있는 이야기까지 다 나오는데 굳이 사무실에서 회의할 필요성을 느끼지 못했다. 그렇게 게으름을 피우고 지냈는데 지난해에 사령부에서 가장 많은 사고를 내었던 부대가 무사고 부대로 변해 있었다. 참 신기한 일이었다. 지휘관이 게으르니 부대 내에 스트레스가 많이 감소한 덕분인 듯했다. 러셀이 주장한 '게으름에 대한 찬양'이 현실화한 것이다.

지금은 게으름보다 여유를 찾아 생활하고 있다. 지루함이나 권태로움도 못 느끼고 게으른 성격이 한몫하는 듯이 사람 좋다는 칭찬을 들으며 산다. 시골에서는 욕심부리지 않아도 없는 듯 매일 생기는 일을 하니 이래저래 나 같은 이들이 살기에 아주 적합한 환경인 듯하다.

II

씨 뿌리는 자의 비유

도전과 응전
효자(孝子) 친구
화병(火病)은 마음속 골병
봄꽃을 보며
선생님과 제자
이웃집 어르신
마음만 청춘인 여행
잠깐 맛본 일본
상실 고통
더위 먹다
씨 뿌리는 자의 비유

도전과 응전

역사만이 도전과 응전의 연속은 아니다. 우리나라에서 개최된 올림픽도 그렇고 내 친구 중 한 명도 그런 삶을 살고 있다. 계란으로 바위 치기 하듯 시작하여 성공을 이룬 일들이 지금도 심심찮게 일어난다.

2018년 평창 동계올림픽 개최는 기적과 같다. 눈이 많이 내리고 자연 얼음이 어는 수많은 나라와 도시들을 제쳐 두고 동계올림픽 사상 가장 위도가 낮은 평창에서 열린 것이 이상할 정도이다. 인구 4만의 작은 군 단위에서 세계 92개국이 참가하는 대회를 개최한 것도 특이한 일이다. 일본의 삿포로와 나가노 다음으로 아시아 국가로는 두 번째 개최였다. 밴쿠버와 소치에 밀리다가 열두 해 만에, 삼세번 만에 개최지로 선정된 것이다. IOC 위원과 유치위원장, 체육계 인사들이 지구를 열 바퀴 도는 강행군으로 노력하고 평창뿐 아니라, 온 국민이 힘을 합쳐 IOC 실사단을 맞이한 결과로 큰일을 해내었다.

동계올림픽 당시 선수촌 식당 3개를 대회조직위원회와 계약한 내 친구가 있다. 말 그대로 맨땅에 박치기하여 손꼽히는 대기업 외식회사를 제치고 지방의 작은 업체가 당당히 선정된 꿈에서나 가능한 일이 현실이 되었다. 물론 충주 세계조정선수권대회와 인천 아시안게임에서 식당을 운영한 경력은 인정되었다.

그러나 올림픽은 달라도 한참 다른 판이다. 맥도널드, 코카콜라 등이 올림픽을 공식 후원하는 등 다국적기업이 활동하는 무대이다. 동계올림픽에는 우리 '신세계푸드'가 공식 출장급식 업체로 선정되었다. 공식 업체는 후원금을 많이 내고 세계인들의 입맛에 맞추어 다양한 요리를 무제한 24시간 제공해야 한다. 그러기에 적자를 면치 못하지만, 회사의 홍보가 가장 큰 이유이다. 삼성 웰스토리, CJ, 아워홈 등 국내 굴지의 외식업체도 동참하였다. 올림픽 기간에 사백여 가지의 요리를 내고 정성을 다한 결과 음식에 관한 한 최고의 찬사를 받은 대회였다. 이슬람교도를 위한 할랄 푸드 코너와 글루텐에 예민한 이들을 위한 무글루텐 코너까지 운영하는 정성을 보였다.

선수촌 식당을 배정받은 내 친구는 독립유공자 후손이다. 어른들이 독립자금을 지원하고, 만주와 상해에서 독립운동을 하다가 집안은 풍비박산이 났다. 많은 독립유공자 후손이 그러하듯 배운 것 없고, 가진 것 없는 최악의 상황에 내몰리어 한때는 공설시장 지하에 움막을 파고 살았다. 아버지는 생활력이 없으신 데다 일찍 돌아가시고 어머니가 난장에서 장사를 시작하여 그가 고등학교 시절 작은 점포를 차렸다. 친구는 학교 공부보다도 어떻게 하면 돈을 벌어 성공하고 집안을 일으킬까에 더 궁리를 많이 하는 학생이었다. 하루가 멀다고 결석하여 어머니를 돕고 본인도 일을 찾아다니는 실질적인 가장 역할을 하면서 근근이 졸업하였다.

 거친 파도가 유능한 선장을 만든다고 했던가? 그 친구 조상들은 재산은 물려주지 못했어도 형형한 눈빛과 번득이는 재기와 도전 정신을 대물림하였다. 상품을 트럭에 실어 새벽에 서울 도매 사장에 부리고 그길로 다시 내려와 내일 가져갈 물건들을 준비했다. 항상 쪽잠을 자면서 쉼 없이 노력한 결과 10여 년이 지난 후 번듯한 가게에 이어 얼마 후에는 유럽풍 예식장을 크게 지었다. 이어 외식업에도 진출하여 열심히 성실하고 정직하게 사업을 하였다. 전 세계를 다니며 사업을 구상하고 식견도 넓혔으나 유독 일본만은 가 본 적이 없다고 했다. 심지어 일본 공항을 경유할 때도 몇 시간씩 물 한 잔 안 사서 먹으며 공항 의자에 앉아 있었다. 그만큼 일본에 대한 선천적인, 유전적인 적대감을 가지고 있다.

 말 많던 정선 가리왕산 알파인 활강스키장을 건설할 때이다. 우선 적합성과 경기 가능성을 시험하는 국제대회를 열어 인증받아야 했다. 그래서 채 공사가 마무리되기 전인 2016년에 국제 월드컵 남자 활강대회가 열렸다. 대회조직위원회에서는 보름도 채 안 되는 기간 중 엄청난 추위와 칼바람을 맞아 가며 오백여 명의 음식을 해 줄 업체를 찾고 있었다. 누가 보아도 적자와 고생이 뻔한 상황이었다. 이 때 친구가 선뜻 나서 커다란 몽골 텐트로 식당을 만들고 음식을 제공하였다. 도로포장도 덜 되어 진입이 어려웠고 물이 얼어 정선 시내 상수도에서 물을 받아다 사용할 수밖에 없는 열악한 상황이었다. 눈길에 식자재를 운반해 오다가 차가 미끄러지는 사고도 겪었지만 차질 없이 대회가 마무리되도록 지원하였다.

이 일이 마중물 되어 대회조직위원회로부터 신뢰를 얻을 수 있었고, 그 외에도 보이지 않는 다양한 노력 끝에 선수촌 식당을 하게 된 것이다. 정선과 용평, 강릉 세 군데를 운영하면서 잠 못 드는 날들을 보냈다. 오죽 안쓰러웠으면 나와 다른 친구가 운전기사 역할을 자원하기도 했을까? 수시로 걸려 오는 전화와 해결할 일들 때문에 운전 자체가 불안하였다. 경기가 있는 날에는 용평 발왕산 정상과 정선 가리왕산 정상에 케이블카로 식자재를 옮겼다. 새벽 서너 시에 올라가 한식, 양식, 각종 빵과 음료수 등을 준비하면 선수들이 올라와 아침을 먹고 경기를 했다.

식약처에서 위생을 감독하고 수시로 암행 감찰을 하였지만, 어느 식당에서는 설사 환자가 발생했다고 하여 덩달아 바짝 긴장한 적도 있었다. 설날을 앞둔 날 갑자기 일하는 아줌마들이 나오지 않아 충주에서 강릉까지 동창 아내를 포함하여 사람들을 구해 공수한 적도 있다. 나와 회사 간부들이 고생한다고 아베 일본 총리가 다녀간 대관령 한우식당에 가서 총리가 먹었던 것과 같은 고기로 회식을 하는 호사도 누렸다. 그 친구 특유의 일본에 지면 안 되는 근성이 발동한 것이다. 식당에는 크고 작은 일들이 끊임없이 발생하였으나 무난히 해결하여 맛있는 식사를 제시간에 제공하였다. 기간 중 음식에 대한 많은 찬사를 받기도 했다.

 화려하게 조명을 받으며 은색 슬로프를 내려오는 금메달리스트만 있는 게 아니었다. 보이지 않는 곳에서 고생하는 자원봉사자, 경기장 관리자, 식당 운영자 등 모든 이의 힘이 합쳐져 대회가 운영되었다. 그중 내 눈에는 친구가 가장 훌륭한 애국자로 보였다. 그의 도전과 이를 이겨 낸 정신은 올림픽과 참 많이 닮았음을 느꼈다.

효자(孝子) 친구

효도는 인간이 사회를 구성하면서 생긴 관습이다. 낳고 키운 부모의 은혜를 갚는 것을 인간으로서 첫 번째 도리라고 가르쳤다. 또한, 고령자가 어떤 보살핌도 없이 죽으면 살아오면서 쌓은 지식과 지혜를 후세에 전파할 수 없으니 노인을 배척하는 행위를 도덕적으로 금기시했다고 한다.

효(孝)의 한자는 노인(老人)이 된 부모를 아들(子)이 업고 있는 모습을 상형화한 글자이다. 당시에는 평균 수명이 마흔을 넘지 않을 때이니 장성한 자식이 병든 부모를 업고 다닐 만했을 터이다. 그런데 100세 시대인 지금은 부모와 자식이 같이 늙어 가니 업을 수 있는 상황이 아니다. 한 부모는 열 자식을 거두어도 열 자식은 한 부모를 봉양하지 못한다. 최근에 노부모들은 아프다는 말도 쉽게 하지 못한다고 들었다. 그 말을 했다가는 바로 요양원에 들어가거나 노인병원에 입원하여 삶을 마감할까 봐시이다. 옛적에도 늙고 병든 부모를 내다 버리는 고려장이 있기는 했다.

또한, 효도는 인간만이 할 수 있고 다른 동물과 구별되는 특징 중 하나이다. 동물 중에 죽을 때까지 부모를 섬기는 예는 없기 때문이다. 예전에 까마귀가 늙은 부모에게 먹이를 물어 준다고 하여 반포보은(反哺報恩), 반포지효(反哺之孝)라는 사자성어가 생겨났다. 그러나 동물학자들이 관찰한 바에 따르면 먹이를 물어다 주는 작은 새가 어미이고 그 먹이를 먹고 있는 덩치가 큰 새가 새끼라고 한다. 새끼를 보살피다 보면 제대로 먹지 못해 어미가 말라 작아진다는 것이다. 모성애가 강한 동물의 예로는 들 만하다.

요즘 부모들이 자식에게 바라는 효도는 어릴 때 건강하고 공부 잘하는 것이고, 청년 시절에는 번듯한 직장에 들어가고 결혼하는 것이라 한다. 중년이 된 자식은 경제적으로 여유로워 용돈을 주고 자주 찾아오는 것이며, 예순 넘은 자식은 건강하여 먼저 저세상에 안 가는 것을 효도라고 여긴다. 그런데 공부 잘해 전문직업인이 되어 효도하라고 밤낮없이 닦달하는 부모는 일종의 아동학대를 저지르는 것이다. 잘난 자식만이 효자이던가? 어려운 상황에서도 희망을 잃지 않고 항상 웃으며 최선을 다해 열심히 살아가며 부모를 섬기는 자식이 더 큰 효자라고 생각한다.

내 친구 중에는 다들 인정하는 효자가 있다. 그 친구는 자라면서도 부모 말씀을 거역한 적이 없고 아침저녁으로 문안 인사를 드려 왔다. 대학생 시절에는 방학 때 학교 관사에 혼자 계신 아버지를 찾아가 밥을 차려 드리기도 했다. 큰 효도 중 하나는 부모를 만져 드리고 씻겨 드리는 일이라 한다. 건강하시던 아버지가 그날도 산에 오르려다 기슭에서 내려온 후 급격히 상태가 안 좋아져서 병원에 입원하였다. 몸살감기가 더 큰 병으로 발전한 듯했다. 급히 회사에 휴가를 내고 내려온 친구는 일주일 내내 간호하며 얼굴과 몸을 씻겨 드렸다. 주말에 평소 보고 싶어 하시던 친척과 지인들에게 연락하여 인사를 나누게도 하였다.

일요일 저녁 머리를 감겨 드리고 얼굴을 씻겨 드리며
"걱정하지 마세요. 어머니는 제가 잘 모실게요."
라고 하면서 회사에 잠깐 다녀온다며 서울로 올라왔다. 도착하자마자 부고를 접하고 급히 다시 내려와서는 임종을 못 지킨 불효자라 자책했다. 조문 간 우리를 보고 흐느끼며 조금만 세심하게 살폈으면 서울에 안 올라갈 수 있었다고 얘기했다. 병실을 나서는데 아버지 눈에서 언뜻 눈물이 비치는 걸 보았다고 하면서 그때 알아차렸어야 했다는 것이다. 말씀도 하시고 상태가 호전되는 듯하여 병실을 비웠다가 불효를 저질렀다고 내내 자신을 책망했다.

이후 어머니를 모시려 하였으나 한사코 혼자 지내시겠다고 하셨단다. 할 수 없이 그 친구가 회사를 명예퇴직하고 요양보호사 자격증을 따서 한 달 중 반은 고향에 내려와 어머니를 병구완해 드렸다. 오줌주머니를 비우고 줄을 갈아 드리는 것부터 식사와 목욕을 책임지고 살았다. 친구 어머니는 남들과 어울리는 것을 싫어하셨고 유난히 깔끔하셔서 그 아들 외에 자기 몸에 손대는 걸 꺼리셨다. 어쩌다 큰아들이나 며느리가 간호할라치면 얼굴을 찡그리고 싫어하셨다고 한다. 그렇게 정성 들여 보살폈음에도 엉치뼈 주변이 아프다고 하여 파스를 자주 붙여 드렸는데 나중에 병원에서 밝혀진 바로는 언젠가 넘어져서 다친 적이 있는데 넓적다리관절 뼈가 자연히 붙었다는 걸 알았단다. 그만큼 자식이 걱정할까 봐 말을 안 하고 아픔을 참아 내신 것이다.

  건강이 급격히 나빠져서 응급실로 입원했는데 도저히 수술할 수 없는 지경으로 암이 퍼진 상태였다고 한다. 그때도 조카들과 사촌들을 불러 말씀을 나누고, 마지막이라 해도 후회 없게 해 드렸다고 했다. 형제간에 의견이 맞지 않아 수술하였으나 깨어나지 못하시고 돌아가셨다. 암이 그 지경이면 엄청 고통스러웠을 텐데 말씀을 안 하셔서 몰랐단다. 그러면서 저세상으로 가시는 준비를 스스로 하신 게 아닌가 하는 생각이 든다고도 했다. 아무리 효자를 두어도 부모는 자식에게 폐가 될까 봐 숨기는 것이 많은 법이다.

  박사연구원인 아들과 변호사인 며느리가 그 친구에게 하는 것을 보면 옛 성현의 말이 틀림이 없다.
  "오이를 심으면 오이를 얻고, 콩을 심으면 콩을 얻는다. 자신이 부모에게 효도하면 자식도 그것을 본받아 내게 효도한다. 효도하고 순한 자식은 또한 그런 자식을 둔다. 믿지 못하겠으면 저 처마 밑에 떨어지는 낙수를 보라. 방울방울 떨어짐이 어긋남이 없느니라."

  실학자 홍대용이 한 말인데 친구 아들 부부가 하는 것을 보면 그 말에 한 치도 다름이 없다.

  우린 모두가 마음속 애도를 하고 산다. 부모는 세상 끝날 때까지 매일은 아닐지라도 보고 싶어지고 울컥 서글퍼지며 못 해 드린 것만 생각난다. 나처럼 한 번도 씻겨 드린 적 없고 심지어 발톱 한 번 깎아 드리지 못한 불효자는 말해 무엇 하랴.

화병(火病)은 마음속 골병

아리스토텔레스는 '인간이 추구하는 궁극적 가치는 행복이며 나머지는 행복을 얻기 위한 수단'이라고 하였다. 우리 어머니들은 행복한 가정을 유지하고 지키기 위해 자신을 희생하며 참고 참았다. 그러다 마음속에 골병이 들기도 했는데 그것이 화병이다.

화병은 한국인 특유의 문화 관련 증후군이다. 원만한 관계 유지를 위해 스스로 분노나 억울함을 겉으로 드러내지 않고 오랫동안 꾹 눌러 담았다가, 그 화가 삭아 비틀어져서 일종의 질환으로 발전한 것이다. 그래서 명칭이 화(火)로 인해 생긴 병(病)으로 굳어진 것이며 우울증이나 정신 불안과 비슷한 증상을 보인다. 화병은 원인과 대상이 분명한데 가장 큰 원인을 제공하는 이가 남편이고 다음이 시댁, 자식, 가난, 실패, 오랜 지병 등이라 한다. 성격도 한몫하는데 책임감이 강하고 완벽을 추구하기 위해 자신의 감정을 억압하고 통제하는 경우나 소심하고 내성적인 경우, 낮은 자존감 등이다.

반복되는 불공정한 처사에 화가 치밀어 오르고 억울한 생각과 분함, 증오가 생기지만 주변의 평화를 위해 참다 보니 쌓이고 쌓여서 병이 된다. 미루고 외면한 슬픔이 가득 차서 한(恨)이 되고 그 한이 몸으로 전이되는 것이다. 이러다 보면 몸에서 열이 나고 입이 바짝 마르며 가슴에 응어리가 맺히고 하소연과 한숨에 더해 뛰쳐나가고 싶은 충동도 느끼게 된다. 때로는 잡생각에 집중이 안 되고 괜히 불안해하거나 우울해지며 멍한 상태가 되기도 한다.

화병과 비슷한 맥락의 '화증(火症)'이라는 말은 사도세자(思悼世子)의 부인이던 혜경궁(惠慶宮) 홍씨(洪氏)가 쓴 《한중록》에서 사도세자의 병세를 언급할 때 자주 나온 말이다. 화가 나면 풀 곳이 없고 울화가 되며 화증을 낸다고 썼다. 《조선왕조실록》에는 사도세자의 병을 화병이라 하였으나 영조는 발광(發狂)한 것이라 하였다고 쓰여 있다. 영조는 아들에 대한 기대가 지나쳐 감내하기 힘든 질책과 심한 아동학대를 함으로써 급기야 나중에는 사도세자가 사람을 죽이는 광기를 부리기에 이르렀다고 한다. 지금의 정신의학으로 보면 화병에 더하여 조울증, 조현병까지 발전하지 않았나 생각되는 대목이다.

한국의 어머니 중에 화병을 앓지 않은 이가 얼마나 될까? 지금 와서 생각해 보면 내 어머니도 화병이 있었다. 이른 나이에 시집을 와 오대산 자락에서 6·25 때는 피난도 못 가고 시아버지를 봉양하였다. 십 년간 자식을 못 낳아 젊어 구박도 많이 받았다고 했다. 전쟁 후에 아들을 낳았으나 계속된 병치레에 속이 새까맣게 타들어 가다가 병원이 있는 도시로 이사를 하였다. 이후에 내 동생까지 자식 셋을 두었고 연탄공장이 동업자의 사기로 망하자 충주로 이사를 왔다. 생활력 강하게 버텨 냈지만 가끔은 아버지에 대해 원망을 하시곤 했다. 아버지가 술이 거나하여 들어오면 혼자서 구시렁대다가 다음 날 아침에는 바가지 수준을 넘는 화를 내곤 하셨다. 듣기 민망하여 말리기라도 하면 부엌에 나가서도 혼자 중얼거리셨다.

감내하기 힘든 집안일과 농사일에 지치고 가난하게 살았지만, 자식들을 위해 꾹 참고 지내다가 아버지의 일탈 행동에 화가 폭발한 것이다. 한 푼이라도 절약하여 살아야 하는데 허투루 술값을 치르고 다니니 자신만 희생하는 듯한 억울한 생각이 들어 화가 치민 상황이었다. 몇 번의 실패에 이어 빚도 있는 현실에서 정신을 못 차리고 술에 취해 혼자만 힘든 체를 하는 아버지에 대한 분노였을 것이다. 자식들이나 주변 사람들에게는 한없이 자상했던 것도, 따지고 보면 마음에 화상을 입는 줄도 모르고 자신을 꾹꾹 눌러 참은 덕일 것이다. 늘그막엔 성당에 다니시며 기도 덕분에 화를 삭이고 그나마 편한 노후를 지냈던 듯하다.

요사이는 내 아내도 '화병이 아닌가?' 의심이 들 때가 있다. 지인들이 새로 책을 내겠다고 편집을 부탁하면 노트북을 껴안고 며칠을 끙끙댄다. 밥때가 되어 식사 걱정하면 그놈의 배는 시도 때도 없이 고프냐며 혼자 차려 먹으란다. 당신은 어떡하냐고 하면 '밥이 그렇게 중하냐. 일하는 거 안 보이느냐?' 하며 면박을 준다. 지지 않고 '뭣이 중요한데? 다 먹기 위해 사는 거 아니여?'라고 할라치면 화를 벌컥 낸다. 예전에는 남편이 얘기하면 한마디도 대꾸하지 않고 고분고분했는데 이제는 덤비는 수준이다.

아내는 자신이 하는 모든 일을 완벽하게 처리하려는 욕심이 있다. 담임할 때 학생들을 위해 헌신적으로 뒷바라지하면서 항상 학생 편에서 문제를 해결하려고 하다 보니 관리자들과는 가끔 부딪치는 일이 생기긴 했다. 후배 교사들과는 자주 밥을 사 주고 우리 집에 데리고 와서 왕언니 역할을 톡톡히 하여 주변에서 잘 따르고 누구도 싫어하는 이가 없었다. 딸 셋을 키우며 가까이 사시는 양가 부모님을 돌봐야 하고 전방에 있는 남편도 챙겨야 하는 생활을 오랫동안 하다 보니 몸이 두세 개라도 부족하여 항상 종종거렸다. 알게 모르게 스트레스가 쌓였을 테고 나이가 드니 바깥으로 표출되는 것으로 생각한다. 남편은 자기만 위해 달라고 보채는 데다 싫은 소리를 할라치면 먼저 화를 내며 덤비니 하소연할 수도 없고 본인이 속으로 삭이며 살았을 것이다.

그리고 누가 부탁을 하면 어떻게든 들어주려고 한다. 모두 이에게 좋은 사람으로 각인되려는 욕심이 있는 건지 자신을 부당하게 대하는, 나잇값을 하는 이들에게도 딱 잘라 거절을 못 한다. 왜 혼자 다 하려고 하냐며 내가 싫은 소리를 하면 그냥 내버려두란다. 그리고는 속으로 앓는 눈치다. 가끔은 하나 있는 남편이 좀 도와주면 안 되겠냐며 짜증을 부릴 때도 있다. 아내는 전형적으로 책임감이 강하고 완벽을 추구하는 화병이 걸리기 쉬운 성격을 지니고 있다는 생각이 든다. 내가 변하여 더 많은 일을 떠맡고 화병이 생기지 않도록 경청하고 공감하며 살아가야 함을 머리는 아는데 오래된 군인의 시킴 버릇이 말을 잘 듣지 않는다.

한국의 한(恨) 정서와 맞물리어 특히 여성을 괴롭히는 화병은 누구나 조금씩 가지고 있는 듯하다. 주변의 평화와 행복을 위해 참다가 생긴 병이니 같이 지내는 이들이 조금씩만 나누어 짊어지면 좋아지리라 생각한다. 이 험한 세상을 살았던, 지금도 살고 있는 한국의 어머니들께 존경을 표한다.

봄꽃을 보며

생명력은 신비하다. 겨우내 얼었던 몸에서 어찌 이런 화사한 꽃을 피운단 말인가? 봄바람이 코를 간질여 깨어난 것인 게다. 용케도 어김없이 앞다투어 봄꽃을 피운다.

일정 간격을 그리 두지 않고 산수유와 생강나무, 매화, 진달래와 개나리, 복사꽃, 제비꽃 그리고 벚꽃이 필 때 화려함의 절정을 이룬다. 봄에 피는 꽃은 대부분 잎사귀가 나기 전에 자잘한 꽃들이 두리뭉실 뭉쳐 한껏 그 자태를 뽐낸다. 물론 나무에 피는 연꽃이라는 의미의 목련(木蓮)처럼 꽃술 자체가 탐스럽고 풍성한 꽃도 있긴 하다.

근년 들어 삼월 중하순부터 사월 초순까지 따듯한 날이 계속 이어져 더욱 동시에 꽃을 피워 냈다. 해마다 꽃샘추위에 목련꽃이 얼어 검게 바래기도 하였는데 올해는 고운 색 그대로 피다가 봄비에 하늘하늘 떨어져 마당 그득히 채였다. 빚꽃도 바람에, 가랑비에 꽃술을 길 위에 흩뿌려 즈려밟고 지나가는 호사를 누린다. 온통 꽃 천지인 가운데 연분홍 앵두꽃은 아득한 고향의 샘 언저리를 생각나게 한다.

꽃마다 전설과 꽃말을 숨기고 있는데 살아오면서 어느 순간 누군가가 그 꽃과 함께 그려지기도 한다.

생도 2학년 봄에 첫 미팅에 나왔다는 신입 여대생들과 종로에서 모임을 했다. 일 년 차이인데도 풋풋한 생기발랄한 모습이 인상 깊었다. 내 파트너가 된 학생은 부산 사투리를 썼는데 부산말은 투박하다기보다 다감한 매력이 느껴지기도 했다. 즐겁게 휴일 오후를 보내고 이후에도 한두 번 만난 다음 주말에 학교 구경을 시켜 주기로 하고 면회 방법을 가르쳐 주었다. 그러나 이유도 모른 채 나타나지 않아 조금은 실망스러운 생각을 하며 점심을 먹었다.

생도 식당 유리창 너머 하얀 목련 나무가 줄지어 있었는데 바람에 막 꽃잎이 하나둘 떨어지는 중이었다. 바람맞은 그 날은 봄을 탄다는 기분이 되어 묘한 감상에 젖어 들었다. 나중에 안 사실이지만 제주도에 자생하는 토종 목련은 고귀함과 숭고한 정신을 꽃말로 간직하고 있다. 그러나 우리 주변에 가장 흔한 백목련은 중국이 원산지인데 그 꽃말이 '이루어질 수 없는 사랑'이란다. 양희은의 〈하얀 목련〉 가사처럼 슬픈 그대 뒷모습조차 생각나지 않는 짧은 만남이지만 생도대에서 본 목련 꽃잎이 떨어질 때 느꼈던 애잔함은 오래 기억되었다.

육군대학이 진해에 있을 때 일 년을 그곳에서 보냈다. 첫아이가 태어나 백일도 채 되지 않았을 때 학교와 시내가 온통 벚꽃 천지로 변했다. 가장 유명한 지역은 군항제가 열리는 해군 작전사 주변이었는데 육군대학 경내도 만만치 않게 아름다웠다. 아기를 안고, 또는 유모차에 태워 아내와 거의 매일 교정을 거닐었다. 아기의 하얀 속살과 젖 내음이 벚꽃과 어우러져 무한한 행복감을 느꼈던 시절이었다. 모처럼 바쁜 일상에서 벗어나 나는 공부하고 아내는 출산 휴직을 하고 있을 때였다. 벚꽃은 내면의 아름다움과 순수함을 상징하고 절세미인이라는 꽃말도 있다고 하는데 첫째가 이쁘고 반듯하게 자란 것은 벚꽃의 영향이 아닐까 한다.

살면서 길가에서나 주변 여기저기서 제비꽃을 수없이 보았겠지만, 그 처자를 만나기 전에는 눈에 들어오지 않았다. 야전군 사령부 계획부서에서 일에 파묻혀 지내던 시절에 아담하고 바지런한 처자와 같이 근무했다. 아가씨라고 하기에는 지금쯤 쉰을 넘긴 나이가 되었으니 처자(處子)가 맞겠다. 일을 맡기면 빈틈이 없고 시키지 않은 것까지 깔끔하게 처리하는 재원이었다. 동기 중에 수석으로 군무원 시험에 합격하였고 컴퓨터도 남달리 잘 다루었다. 성격도 원만하고 모든 이들의 이쁨을 받는 처자였다. 단 하나, 연애에 관심이 없고 결혼할 생각을 안 하는 것을 제외하면 그렇다.

어느 봄날 식사 후 낮잠을 즐기고 있는데 산책 다녀온 그녀가 보라색과 노란색 제비꽃 한 송이씩을 가져와서는 꽃말이 무엇이냐고 물었다. 전혀 관심이 없었던 내가 알 리가 만무한데 말이다. 그녀는 '수줍은 사랑, 겸손, 가난한 행복'이라고 내게 알려 주었다. 자기가 가장 좋아하는 꽃이라고도 했다. 그러고 보니 비슷한 듯도 하여 나도 한마디 덧붙였다. "당신의 의식은 파랑새와 흡사하고 모습은 제비꽃을 닮은 듯하다."라고. 그리고 며칠 후 회식 자리에서 술을 과음하는 듯하여 넌지시 물었더니 요사이 화가 많이 난다고 했다. 고등학교 동창 삼총사가 있는데 결혼하지 않기로 철석같이 약속했으나 한 친구는 결혼해 아이를 낳았고 한 친구는 결혼 날을 잡았다고 했다. 그 처자는 지금도 결혼을 안 하고 혼자 열심히 살아온 결과 간부급으로 승진했다.

시골에 들어와 유난히 정이 가서 제비꽃을 자세히 관찰하곤 했다. 밭이나 잔디정원에 나면 그 뿌리가 깊게 여러 갈래로 퍼져 있어 없애는 데 여간 힘들지 않다. 그만큼 생명력이 강하다는 의미이다. 보라색이나 흰색, 겹친 색 등 종류가 많은데 꽃 뒤쪽에 꿀주머니를 달고 그곳으로 연결하는 색깔 다른 선이 그어져 있다. 소위 '허니 가이드(honey guide)'라고 하는 선인데 곤충들이 이를 따라가다 보면 꿀주머니에 이르고 이때 수정이 이루어진다고 한다. 제비꽃은 오랑캐꽃이라고도 불리는데 이 꽃이 피는 시기에 오랑캐가 쳐들어와서 생긴 이름이라고 하고 모양이 오랑캐 투구를 닮았다고 하여 붙여진 이름이라는 설도 있다.

아버지 기일을 맞아 어머니와 합장한 산소에 성묘하러 갔을 때이다. 산길을 한참 타고 올라가 외롭게 계신 곳이다. 음력 삼월 초순이 기일이니 갈 때마다 잔디가 새싹을 틔우기 전인데 온통 보라색 제비꽃으로 치장하고 있었다. 노래 가사처럼 자주 오지 못하는 날 꾸짖는 듯도 하고 반갑게 맞이하는 듯도 하였다. 보라색 제비꽃은 영원한 사랑을 상징하는데 돌아가신 후에도 자식에게 전하는 당신의 마음 같아서 먹먹했다. 남김없이 주시고도 더 못 주신 사랑이 그렇게 꽃으로 피어나는 것이리라. 올라가는 길 주변으로 취나물과 고사리도 뜯어 집에 와 한 끼 나물을 해 먹었다.

매년 봄마다 우리를 설레게 하는 꽃들처럼 우리도 젊은 시절로 다시 돌아갈 수 있으면 얼마나 좋을까? 그럴 수 없으니 꽃이 피면서 전하는 옛 정취를 더듬어 생각으로만 돌아가곤 한다. 봄꽃을 보면서 아련한 감상에 젖는다.

선생님과 제자

　집 뒷산 위로 북극성이 뜬다. 대부분 별이 자리를 바꾸는데 그 별은 항상 그곳에서 방향을 제시한다. 찬란하지는 않지만 은은한 빛을 내며 자리를 지킨다. 길을 잃지 않도록 세상을 비추는 별이다.

　전원에 집을 짓고 들어온 지 얼마 지나지 않아 아내의 제자들이 가끔 찾아왔다. 선생님을 따라 선생님이 된 이도 있고 육군사관학교 후배인 제자도 있었다. 그들은 밤이 이슥하도록 술이 거나하게 취해 옛 추억부터 지금 지내는 근황까지 얘기하다가 갔다. 어느 해부터인가는 매년 스승의 날이 낀 휴일에 선생님이 된 당시 반장을 포함하여 정기적인 부부 동반 모임으로 발전하였다. 그들이 오는 날이면 잔디밭에 야외용 식탁을 펴고 바비큐 파티가 밤늦게까지 흥겹게 이어지곤 한다. 그 제자들은 아내가 첫 담임을 맡은 중학교 1학년 학생이었다. 벌써 사십 년이 훌쩍 넘은 세월을 얹고 있다.

　읍내에 있던 학교에는 시골에서 자전거로 통학하는 학생들이 많았다. 대부분 어렵게 살던 시절이라 인사는 으레 "아침 먹었니?"였다.

"예. 오다가 단백질 보충을 좀 했습니다."

 라고 하여 의아해하였더니 하루살이가 날아와 입으로 들어가는 것을 해학으로 풀어낸 말이었다. 방과 후와 휴일을 이용하여 가정방문을 하면서 학생의 교육환경을 가늠했던 선생님은 아이 한 명 한 명에게 맞춤형 진로상담을 해 주었다. 집중력이 강하고 지도력이 있는 학생은 유난히 정이 가서 살갑게 대하며 육군사관학교에 갈 것을 권유했다. 우선은 열심히 공부하여 실력을 갖추어야 함을 강조했고 틈틈이 운동으로 체력을 기르라고 조언했다. 반장은 성실하고 착해서 선생님이 되는 게 좋겠다고 얘기했다. 그 말을 그대로 따라 진로를 선택했고 그들이 모임을 이끌어 가고 있다.

 당시는 인터넷도 없고 책도 귀했던 시절이라 선생님이 하는 말 한마디 한마디가 많은 영향력을 끼쳤다. 요사이 선생님과 제자들의 관계와는 비교할 수 없을 정도로 정이 돈독하고 존경심이 대단했던 시절이다. 게다가 갓 대학을 졸업하고 의욕이 불타오르는 예쁜 여선생님은 말해 무엇 하랴. 갓 코흘리개를 벗어난 중학교 1학년생들의 눈에는 반짝이는 보석으로 각인되었을 것이다. 잊지 않고 찾아와 주는 그들이 나로서는 정말 고맙다. 어깨 으쓱하게 사부님으로 대접받으며 한잔할 수 있는 절호의 기회인 셈이다.

 제자들이 오는 시기에는 텃밭에 상추가 포실하게 자라고 몇 년 전 심은 체리 나무에 빨간 열매가 가득 열리는 오월 중순이다. 아내는 주변에 나는 머윗대와 곰취, 돌미나리를 잘라 나물을 무쳤다. 하루 전부터 솥을 걸고 장작불에 우족을 삶아 냈다. 첫 물은 버리고 오전 내내 삶은 고기가 무르고 식은 다음 날 새벽에 기름을 다 걷어 내고 살코기만 발라 적당한 크기로 잘랐다. 이어 수삼과 통후추, 올리브잎을 넣고 다시 다려 냈다. 집 뒤 창고 옆에 자리를 잡은 나는 바비큐를 열심히 구웠다. 목살에 칼집을 내어 소금과 후추, 올리브기름을 발라 후숙하여 초벌구이 한 다음 파티가 시작되기 직전에 잘라 타지 않게 구워 식탁에 내었다.

아내는 큰사위가 가져온 우리나라에서는 구하기 어려운 술을 몰래 감춰 두었다가 내었다. 칵테일, 또는, 온더록스로 마시며 칭찬이 자자하였다. 세상에 태어나 이렇게 맛있는 술은 처음 마셔 본다는 아부성 발언이 이어졌다. 참석을 못 하는 제자가 보내온 한우 LA갈비도 더해졌다. 분위기가 어느 정도 무르익을 즈음 담임할 당시 반장이 나서서 케이크를 자르고 꽃다발을 건넨 후 〈스승의 은혜〉 노래를 합창했다.

"스승의 은혜는 하늘 같아서 … 참되거라 바르거라 가르쳐 주신 스승은 마음의 어버이시다"

제자들이 나와 함께 술을 마시며 이야기하고 있는 사이에 아내들은 텃밭에서 쌈 채소를 한 봉지씩 따다가 가져갈 준비를 한다. 선생님은 남은 음식 중 갈비와 곰국, 심지어 어제 새로 담근 김치까지도 남김없이 싸서 나눠 주었다. 모두에게 친정어머니같이 살뜰하게 대하고 깔깔대며 이야기꽃을 피웠다. 제자 아내들이 오월이 되면 '선생님 댁에 언제 가냐?'라고 조른다는 게 빈말이 아니었다. 체리도 따서 집에서 기다리는 자식들 맛보여 줄 준비를 했다.

배가 부르고 술이 거나해질 즈음이었다. 어둠이 짙게 내리깔리자 반장이 제안하여 의자를 들고 불빛이 없는 곳으로 이동하여 앉았다. 미리 준비한 레이저 빔으로 밤하늘의 별을 가리키며 정겨운 설명이 이어졌다. 목동자리, 처녀자리, 사자자리 등에 얽힌 전설과 별 모양을 이야기하고 나서 작은곰자리로 옮겼다.
"저 은은하게 보이는 별이 북극성입니다. 항상 그 자리에서 방향을 잃지 않도록 우리를 지켜보고 있습니다. 꼭 선생님을 닮은 별입니다."
뭉클한 파동이 번져 나갔다.

한우 LA갈비를 보내온 제자는 몇 년 전 교장이 되었다. 아내는 꽃바구니를 들고 떡을 넉넉히 준비하여 축하해 주러 갔더랬다. 나는 운전기사로 따라갔다. 제자는 수업에 들어가지 않은 교감과 일부 선생님을 교장실로 불러 자랑했다.
"내 은사님과 사부님이 가져온 떡이니 맛있게 들어요."
모두가 부러운 눈빛으로 교장을 바라보며 웃음꽃을 피웠다. 함께 기념사진을 찍고 학교를 둘러보며 아내는 학생보다는 선생님들께 잘하라는 당부를 여러 번 했다. 간섭하지 말고 마음껏 사도(師道)를 펼치도록 지원하며 힘을 북돋아 주는 교장이 될 것을 부탁했다.

최근에 학생에게 뺨 맞은 선생님 뉴스가 나고 심지어 학부모 갑질을 못 이겨 생을 포기한 선생님 이야기를 들으며 황폐해진 교실 풍경이 안타깝게 그려진다. 교육(敎育)은 지식을 가르치기 이전에 인성을 기르고 사람이 되게 만드는 것이 더 중요하다. 그 육성 기능이 사라지고 성적순 줄 세우기와 교육 없는 학습으로 메말라 버린 지금 현실이 안타깝다. 우리 집 정원에서 이어지고 있는 선생님과 제자들 모습이 널리 퍼져 나가기를 기대해 본다.

이웃집 어르신

우리가 집을 짓고 이 골짜기에 들어오니 맞은편에 아담한 황토 벽돌집이 있었다. 구들을 놓아 아궁이에 장작으로 난방을 하는 집이었다. 주인은 서울에서 내려와 며칠 쉬다가 다시 올라가는 나보다 여덟 살 위인 어른이었다. 회갑 되던 해, 암 수술하고 건축사인 딸의 소개로 2년 전에 땅과 집을 사서 요양차 내려왔다고 했다.

이 골짜기에는 토박이와 예전에 사 둔 땅을 나누어 파는 교수라는 이가 살고 있는데 나도 그로부터 땅을 매입하고 집을 지어 들어왔다. 이웃집 어르신은 생면부지 낯선 곳에 와서 그 좋아하던 술도 못 마시고 수술 후 힘이 빠진 몸을 지탱하여 생활하려니 만사가 귀찮았다고 했다. 일이 주에 한 번 서울 본가에 들러 반찬과 음식을 가져오는 것을 제외하곤 두문불출했단다. 산에서 고사목을 밧줄에 매달아 끌고 내려와, 톱으로 자르고 도끼로 패서 매일 두 번 아궁이에 불을 지피니 서서히 근력도 생기고, 온돌에서 자고 난 후 몸도 가벼워짐을 느꼈나고 했다. 유일한 친구는 아들이 선물한 말라뮤트종 개 '쉬리'와 지인이 준 진돗개 강아지뿐이었단다. 암 수술 후 마음도 쓸쓸

하고 몸이 힘드니 두 해 동안 작은 밭에 채소 정도만 기르며 살았다고 했다.

그런데 동네 분들이 수시로 드나들면서 참견을 하기 시작했고 자기 말을 들어야 이 마을에서 정착할 수 있다고 은근히 엄포를 놓았다고 했다. 좋은 게 좋다는 심정으로 마을 발전기금도 내고 음식도 대접하며 지냈는데 어떤 이는 노크도 없이 불쑥 들어와 커피도 마시면서 친하지 않은 친근함을 유지하곤 했단다. 집 뒤로 땅이 팔려 측량을 했더니 알던 것보다 더 많이 상대방 쪽으로 들어가더란다. 처음 살 때 대충 손으로 가리킨 곳까지라고 했는데 땅임자 교수에게 당한 것이다. 땅을 산 사람은 진입로에 있는 아름드리 벚나무를 자기 땅 안에 있다고 말도 없이 베어 버리고 축대를 쌓아 경계를 정확히 하더란다. 농사지을 줄 모른다고 일일이 간섭하지, 동네일에 무관심하다고 뒷얘기 하지, 밥 먹으러 가자고 해서 따라가면 어김없이 계산은 본인 몫이지, 정말 이곳에 더 머무르기 싫어졌다고 했다.

그러던 때에 내가 들어온 것이다. 그분은 다양한 경력을 소유한 유능하고 양심이 바른 분이었다. 서서히 몸도 좋아져 나랑은 처음에 막걸리 한 병부터 시작해서 가을쯤에는 각 한 병으로 늘었다. 단, 건강을 고려하여 막걸리만 마시기로 했다. 우리 집은 장모님 고향이 이곳이라 그런지 별로 참견이 없었다. 나를 보니 그동안 당했던 일들이 억울하다는 생각이 들기 시작했단다. 아내가 학교에 출근할 때라서 점심을 함께하는 날이 많았는데 서로 대화가 통하고 생각도 비슷한 면이 많았다. 나도 시골 적응하기 조심스러울 때라 그분의 경험이 꽤 도움이 되었다. 어쨌든, 8년의 삶을 앞서 경험한다는 생각으로 자주 왕래하였다.

다음 해부터 손녀가 내려오면 자주 우리 집에 와서 막내와 놀고 가곤 했는데 처음엔 까치발을 하고 이층을 오르는 등 조심스럽게 행동했다. 서울에서 층간소음 방지를 위해 부모가 가르친 대로였다. 여기는 마음대로 뛰어도 좋다는 아내의 말과 막내의 시범으로 소파에 올라 구르고 이층을 술래잡기하며 뛰어다니고 잔디밭에서 공놀이도 하면서 즐겁게 놀곤 했다.

어르신이 나와 친하게 지내기 시작하자 주변에서 그분을 함부로 대하지 못하는 낌새가 역력했다. 그리고 농사지어 제대로 수확한 적 없는 밭에는 마을 이름에 걸맞게 해바라기를 심어 꽃밭을 조성함으로써 구경하는 이들이 모여들었다. 마주 보고 있는 우리 집과 서로 꽃을 심어 정원을 선물하기로 약속했었는데 실천에 옮긴 것이다. 부인과 자녀들도 와서 자랑스럽게 바라보며 사진에 담아 가고 지인들도 와서 앞마당 정자에서 놀다 가는 횟수가 늘었다.

따듯한 봄에 그분과 오랫동안 친분을 유지하는 서울 이웃들을 초대하여 야외에서 숯불바비큐 파티를 하는 데 초대되어 간 적이 있다. 이제는 제법 술이 늘어 막걸리는 두세 병을 마시는 그를 보며 아주 건강해졌다고 칭찬이 자자했다. 오신 네 분이 열 살 정도 나이 차이가 있으나 과거 직급, 경력과 관계없이 가장 연장자인 일흔 넘은 분이 숯불을 지피고 고기를 구워 나눠 주는 등 좌중을 보살폈다. 제일 젊은 육십 대 초반인 분은 건강이 안 좋아 정자에 앉아 술도 못 마시고 대화에만 참여하고 있었다. '나이 들면 건강이 삶을 좌우하는구나.' 하는 전형적인 모습이었다. 군인 출신은 술을 잘 마신다는 선입견에 더해 같이 앞으로 잘 지내자는 다짐으로 인삼주에, 소주에, 막걸리에, 맥주에 자신들이 마시던 종류대로 종이컵에 가득 넘치게 몇 잔씩 받아 마셨다. 비몽사몽 집에 와 대자로 뻗었다가 퇴근한 아내와 딸에게 잔소리 들은 게 엊그제 일처럼 생생하다.

그러던 사이, 암 완치 판정을 받았고, 3년 전에는 아파트 분양 관련 자금이 필요하여 집과 땅을 팔고 다시 서울로 이사하였다. 가끔 전화를 드리면 이곳이 그립다며, 서울서도 텃밭을 얻어 소일거리로 삼는데 여기 생활이 많이 도움이 된다 했다. 얼마 전에는 부부가 손녀를 데리고 내려와 우리 집에서 놀다 갔다. 초등학교 5학년이 된 손녀는 잘 안 따라다니는데 여주 가자니까 '좋다'고 나서더란다. 또 얼마 전에는 여주에 일이 있어 부부가 시내에서 같이 밥을 먹고 갔고 서울에서 만나 식사도 한 적이 있다.

이제는 교통이 발달해서 더 그런지 가까이 산다고 이웃이라는 생각은 없어진 듯하다. 시골에 오래 살았던 이들은 농사 관련 몇 마디만 하고 나면 공통 대화거리가 사라지고 치사하게 텃세 아닌 텃세를 부리는 경우가 종종 있다. '집이 백 냥이면 이웃이 구백 냥'이란 말처럼 좋은 이웃과 지내는 것이 쉬운 일은 아닌 듯하다. 친구는 고를 수 있지만, 이웃은 고를 수 없으니까 그렇다. 나는 참 좋은 이웃을 한 분 두어서 다행이었지만 이 골짜기에 다른 이들하고는 먼 처가 사돈 보듯 거리를 두면서 예의는 차리며 산다. 가까이 있는 사람과 잘 지내기가 훨씬 어렵다는 것을 새삼 느낀다.

마음만 청춘인 여행

　고등학교 친구 여섯 명이 코타키나발루 여행을 다녀왔다. 마음은 청년 시절에 남겨 두었으나 몸은 현실을 그대로 보여 준 날들이었다. 어느새 예순예닐곱 나이들이다.

　해발 4,101m 키나발루산의 요새라는 뜻의 코타키나발루는 보르네오섬의 서북부에 위치하여 필리핀과 가까운 곳이다. 2차 세계대전 당시 일본의 폭격에 폐허가 된 이곳을 영국령 북보르네오의 주도로 재건하고 도로와 항구, 공항을 건설했다고 한다. 고무, 석유와 천연가스, 주석 등 자원이 풍부하고 55만의 거주민이 사는데, 한 해 천만 명이 넘는 관광객이 찾아온다고 들었다. 중국계 말레이시아인이 가장 많고 토착 원주민과 필리핀인을 포함한 외국인도 상당수 거주하고 있으며 이슬람 문화권으로 하루에 다섯 번 기도하며 여유롭게 지내지만, 전반적으로는 게으른 사람들이라 했다. 동중국해와 인접한 믈라카 해협 연안에는 아름다운 섬이 많아 관광객들을 모이게 하였고 해넘이와 맹그로브 숲, 반딧불이가 관광 자원으로 활용되고 있었다.

우리 친구들은 여유로운 패키지 관광상품을 선택하여 출발하였으나 시작부터 난관에 부딪혔다. 입국 심사를 위한 서류를 사전에 작성해야 했는데 교수 친구가 다 만들어 메일로 보내 주었다. 그러나 나는 스마트폰 메일을 사용한 적이 없고 메일 비밀번호도 잊어버려 찾을 수가 없어 당황했다. 다행히 교수 친구가 자신이 작성했던 서류를 찾아주어 간신히 위기를 모면하였다. 코타키나발루에 입국할 때도 문제가 발생했는데 한 친구의 여권번호에 N 자가 H 자로 잘못 표기되어 공항 심사대에 있는 말레이시아인이 발견, 다른 사람으로 오인하며 문제를 제기하였다. 넷은 이미 빠져나왔으나 다행히 한 친구가 같이 있어서 일행이고 오자(誤字)임을 적극적으로 해명하여 무사히 통과할 수 있었다. 노안(老眼)이 와서 글자가 어른거리는 탓으로 N 자와 H 자를 혼동한 듯하였다.

인천공항에서 젊은 티를 내며 햄버거 하나로 저녁을 해결한지라 출출했던 우리는 자정이 넘은 시각에 문을 연 식당을 찾아 뒷골목을 전전한 끝에 허름한 데를 찾았다. 지저분하기는 하였으나 배고픈 맛으로 먹었는데 한 친구는 속이 더부룩하고 피곤하다며 호텔에 남아 같이 오지 않았다. 이후에도 물과 음식이 바뀌니 변비로, 또는 입맛이 맞지 않아 고생하는 친구가 있었다.

다음 날은 샤피섬에 배를 타고 들어갔다. 용감한 둘이 파라세일링에 도전하고 넷은 바닷물에 발을 담그고 사진을 찍으며 코코넛 과일

주스로 갈증을 달래면서 쉬고 있었다. 그런데 파라세일링을 하러 배를 타고 나가던 중 한 친구가 뱃멀미로 구토하고 낙하산에 매달려 무섭다고 소리를 치는 등 같이 간 관광객들의 산통을 다 깼다고 옆 친구가 전해 주었다. 얼굴이 노래져 들어와 휴식을 취하려는데 어김없이 교수 친구의 일장 훈시를 들으며 반성해야 했고 우리를 배꼽 잡고 웃게 했다.

저녁녘에는 해넘이를 보러 탄중아루 해변으로 이동하였는데 매일 보는 일몰을 꼭 여기까지 와서 봐야 하냐며 투덜대기도 하였다. 길지 않은 해변에 관광객들로 가득 붐볐고 그리스 산토리니섬의 해변, 태평양의 피지섬과 더불어 세계 3대 일몰 명소라는 말에 걸맞게 아름다운 해넘이였다. 적당히 구름이 가려진 사이로 붉은 태양이 마지막 몸을 불사르는 듯 온 하늘과 바다를 붉게 물들이며 수평선 너머로 사라지는 장관을 운 좋게 볼 수 있었다. 우리는 점프하는 모습과 하트를 만드는 등 실루엣 인증사진을 남기느라 분주하였는데 오는 버스 안에서 한 친구가 점프하다가 주머니에 넣어 둔 안경이 빠졌다며 아쉬워했고 누구는 무릎이 시큰거린다고도 했다.

다음 날 아침을 먹으러 모였는데 한 친구가 지갑이 없어졌다며 난감해하여 다 같이 찾기로 하였다. 밥을 먹고 들어오니 다행히 금고 아래 구석진 틈에 빠진 지갑을 찾았노라고 쾌재를 불렀다. 어디에 두었는지 깜박할 때가 종종 있다고 다들 자기의 경험을 한마디씩 했다. 식사 후에는 물을 찾아 약을 먹는데 여섯 알, 세 알까지 먹는 친구가 있었고 안 먹는 이는 둘뿐이었다.

그날은 자유시간이 낮 동안 주어졌는데 '놀면 뭐 하냐. 한 푼이라도 벌어야지.' 하면서 화투 놀이를 하다가 누군가 패를 잘못 돌려 파투를 내고는 밥을 먹으러 나갔다. 난 더위를 피해 세계에서 가장 일반적일 것 같은 미국 할아버지가 그려진 치킨을 시켜 호텔에서 먹었는데 이 또한 실패했다. 현지인 입맛에 맞추어 짜고 향신료를 강하게 넣어 내게는 안 맞았다.

호텔에서 책을 보며 여유를 부리는 사이 분리불안과 유사한 감정이 들었다. 세상에 나 혼자 떨어져 이역만리에 격리된 듯한 야릇한 외로움이었다. 나이가 드니 입에 정기가 가장 왕성한 듯 다들 말이 많아져서 웃고 떠들며 와자지껄하다가 갑자기 조용한 시간이 주어지니 생기는 일시적 현상이지만 시골 내 방에서 느끼지 못한 기분이었다. 지금 내 곁에 있는 친구들이 더없이 소중하다고 생각하였다.

잠자는 습관도 천차만별이었다. 코 고는 이가 대부분인데 심한 정도만 다를 뿐이었다. 저녁잠이 많은 이와 새벽녘에 잠드는 친구, 곤히 잠 못 들고 뒤척이는 친구, 낮잠을 자야 개운하다는 둥 개인 차이가 심했다. 더구나 누워 머리만 대면 잠에 빠지는 이가 있는가 하면 잠이 드는 데 오랜 시간이 걸리는 친구도 있었다. 다행히 수면제에 의존하는 친구는 아직 없었다.

 다 깨워 함께 아침을 먹은 다음 시내 투어와 맹그로브 숲 정글에 사는 반딧불이를 보는 일정을 마지막으로 관광을 마쳤다. 인천공항에 도착하여 내리려는데 가발을 쓰고 여권 사진을 찍은 친구의 머리가 허전하여 얘기했더니 급히 여기저기 찾다가 비행기 바닥에 떨어진 가발을 주워 쓰고 나왔다. 출입구를 나와 한 친구가 보이지 않아 찾았더니 엉뚱하게 다른 비행기의 짐을 찾는 창구에서 자기 캐리어가 나오기를 하염없이 기다리고 있었다. 마지막까지 나이에 걸맞은 이상행동을 한다고 놀림을 받았다. 혼자서는 어려워했을 여행을 탈 없이 마쳤다. 몇 년 전과 다르게 함께하는 행동은 줄어들고 피로를 쉽게 느끼는 여정이었다.

 이제 칠순 때쯤 비행기 작게 타는 가까운 곳에 여행을 가자고 약속하고 헤어졌다. 다들 건강을 잘 챙기면서 자주 만나고 살기를 바란다.

잠깐 맛본 일본

여행은 보이는 대로 보는 재미보다 새로움을 맛보고 느끼는 묘미가 있다. 일상의 평범함에서 벗어나 익숙하지 않은 경험에서 흥미를 느끼는 것이다. 이번 일본 여행이 짧았지만, 의미 있게 다가온 이유도 이 때문이다.

어릴 때부터 나는 일제 강점기의 식민지 문화에 길든 어른들에게 배우며 자랐다. 일본은 선진국이며 예의가 바른 국민성을 가졌으며 앞으로 우리나라와 격차가 더 심해질 거라는 이야기 들이다. 앞으로 경제적, 문화적 식민지가 될 수 있으니 정신을 바짝 차려야 한다고도 했다. 물론 나이가 들고 역사를 배우면서 일본의 민낯을 알아 가기는 했지만, 경제적 성과만큼은 인정하고 들어갔다.

일본인들은 막후시대부터 사무라이의 칼 앞에 살아남기 위해서 굽신거릴 수밖에 없었던 민족이고 그 습관이 예절로 둔갑하여 몸에 배었으며 내면의 욕심을 감추는 수단으로 겸손해진 측면이 있다. 그랬던 그들이 야욕을 드러내 임진란을 일으켰고, 식민 통치했으며 대

동아 생활권 확보를 위한 전쟁을 벌였다. 그 전쟁에 무참히 패하고 나서 더욱 겸손해지고 비굴해져서 발톱을 숨기며 세계의 돈을 모으기 시작한 것이다. 결정적인 사건으로 6.25 전쟁 당시 후방 보급기지 역할을 하면서 경제부흥을 이루기 시작했다는 것은 역사의 아이러니이다.

얼마 전 막내가
"엄마! 일본에 가 보고 싶은 곳 있으세요? 요사이 엔화도 싸다던데."
하기에 가와바타 야스나리가 《설국》을 집필한 료칸에서 하룻밤 자 보고 싶다고 말했단다. 그 즉시 언니와 상의하여 일정을 짜서 예약하고 우리 부부에게 통보하는 것이었다. 아무 생각 없이 '그러마.'라고 했는데 우리 결혼 40주년 기념 깜짝 이벤트임을 늦게서야 알았다.

일본에 대한 첫인상은 하늘이 맑고 공기가 쾌청했다. 미세먼지를 걱정하지 않아도 되는 지역에 있음이다. 전철을 타고 지나가는 풍경은 크리스마스 시즌인데도 상록수와 어울려 흡사 늦가을 같은 인상을 받았다. 철로와 도로를 사이에 둔 자투리땅에 태양광 패널을 길게 설치한 그것을 보고 산을 뭉개고 밭 한가득 채운 우리의 모습과는 대비되었다. 도시와 농촌이 잘 정비되어 있고 깨끗했으며 늘어선 건물들이 견고한 느낌이었는데 내진 설계를 했음이 보였다.

반면, 전철 승차권을 이미 예약했음에도 다시 종이 입장권으로 끊는 데 30분 가까이 소요되는 것은 전혀 예상치 못했다. 다음 날 공항에서 내린 둘째 부부가 렌터카를 받는 과정에서도 두 시간 이상이 걸려 여행 일정에 차질이 생겼다. 관광을 담당하는 이들이 영어를 할 줄 모르고 행정 처리가 서툴렀다. 시내 벤치에 나와 간단하게 요기하는 젊은이들이 심심찮게 보였고 도쿄역 광장에서는 팔짱을 끼고 데이트하는 젊은이를 보기 어려운 것 등이 우리나라와 비교되었다. 도쿄의 호텔은 새장처럼 좁았고 일본 소고기 와규를 비싸게 먹어도 밑반찬 하나 나오지 않았다. 신사(神社) 옆에서 공연하는 내용이 전쟁에 출전하는 사내를 배웅하는 신파극이었는데 느리고 단조로운 엔카를 들으며 손뼉 치는 일본인들의 모습이 백 년 가까운 과거로 돌아간 듯했다. 우리의 케이팝과 뮤지컬에 비교되는 색다른 풍경이었다.

업무 때문에 하루 늦게 도착한 둘째 사위가 빌린 차를 타고 우리와 반대 방향에 있는 운전석에서 익숙하지 않은 운전을 하여 도쿄에서 니가타현 에치고 유자와를 향해 출발했다. 소설《설국》의 유명한 첫 문장 "국경의 긴 터널을 빠져나오자 설국이었다. 밤의 밑바닥이 하얬다."라는 현실을 마주하는 행운을 얻는 듯했다. 맑고 쾌청했던 날씨가 어두운 시미즈 터널을 이십 리쯤 달려 빠져나오자 눈발이 거세게 날렸음이다. 시베리아 기단에서 발생한 추운 북서풍이 동해의 수분을 잔뜩 머금은 다음 에치고산맥을 타고 오르며 다량의 눈을 뿌리는 지역으로 매년 많은 눈이 내린다고 알고는 있었지만, 터널 반대쪽과는 너무 다른 풍경에 당황도 되었다.

내리막으로 접어든 길에서 잠깐 길을 혼동한 사위는 고속도로 바깥으로 나왔다가 다시 진입하였다. 도로의 차선이 눈에 묻혀 구분이 안 되자 중앙분리대를 따라 이동하려고 속도를 줄였는데도 차가 미끄러지더니 도로 한가운데 빠지고 말았다. 고속도로 중앙에 배수로가 있으리라곤 우리 상식으로는 상상이 안 되었다. 비상등을 켜고 조금 있으니 제설차가 뒤에 서서 안전을 확보한 다음 경찰에 연락하였는지 경찰차 두 대가 도착했다. 여권을 조사하고 여러 가지 질문하는데 아무도 영어나 한국어를 할 줄 몰라 스마트폰 번역기를 이용한 의사소통을 하였다. 견인차가 오는데도 하세월이 걸렸다. 그곳에서 두 시간 넘게 허비한 우리가 료칸에서 나온 버스를 타고 도착한 시간이 거의 밤 아홉 시쯤 되었다. 이 원인은 렌터카 받을 때 소비한 시간 때문에 어두워진 다음 그곳에 다다른 것과 약속을 저버리고 스노타이어를 장착하지 않은 임대업체의 잘못된 상술과 경찰들의 늦장 처리 때문이었다.

다행히 다친 사람 없음에 감사했던 우리는 켜켜이 쌓인 세월을 다듬어 전통을 지키되 현대식으로 탈바꿈한 료칸에 만족하였다. 석유난로를 이용한 복도 난방의 아득한 옛 정취와 다다미방의 깔끔하고 포근함과 불빛에 비친 설경의 아름다움에 매료되어 이전 상황을 금방 잊었다. 게다가 약속보다 두 시간도 더 늦은 저녁 식탁인데도 따듯하게 데워 나온 푸짐한 가이세키 요리에 사케를 한잔하니 기분이 아주 좋아졌다. 더구나 온천에서 눈 쌓인 풍경을 보며 사위에게 내민 등을 밀리는 기분은 최고였다.

다음 날 우리 부부는 아이들이 자는 틈을 타서 가와바타 야스나리가 《설국》을 집필한 방을 둘러보고 그의 기념관을 구경하였다. 2차 세계대전이 한창일 때 쓴 《설국》이 심미주의 일본어로 눈과 은하수와 온천여행에서 만난 여인들과의 순수한 인연을 아름답게 묘사했음이 감동이었다. 그 시절 그런 일본인이 한 명이라도 있었다는 게 일본에 행운이라는 생각이 들었다. 바깥에 나와 허리춤까지 쌓인 눈길을 한참 걷다가 들어와 정갈하게 차려진 아침을 먹고 신칸센 열차로 도쿄에 왔다. 다음 날까지 시내 구경하고 짧은 일본 여행을 마쳤다.

자칫 관광과 휴식으로만 짜일 뻔한 여행이 우연한 실수 아닌 실수로 오래 기억에 남을 가족여행이 되었다. 그리고 보니 우리가 결혼한 지 벌써 사십 성상이 지나 있었다. 딸들을 잘 키운 덕을 톡톡히 본 여행이었고 효도받는 기분을 마음껏 누렸다.

상실 고통

　사람이 불행해지는 조건으로 중년 상처(喪妻)와 노년 궁핍을 든다. 아내를 하늘나라로 먼저 보낸 사건은 남은 인생을 불행하게 만드는 지름길인 경우가 종종 있다. 내 친구를 보면서 아린 간접 경험을 하는 중이다.

　벌써 십여 년이 지난 일이다. 시골에 집을 짓고 들어와 잔디가 어느 정도 자란 초여름, 아내의 초등학교 동창들을 초대하여 집들이하였다. 스물대여섯 명의 아저씨와 아줌마들이 마당을 가득 채웠다. 동창들은 바비큐를 굽는 그릴도 만들어 오고 직접 고기도 구워 즐거운 잔치가 벌어졌다. 술이 거나하게 들어가니 어린 시절 이야기가 오가기 시작했다. 동창 중 하나는 내 아내가 그 시절 첫사랑이라고 고백했다. 다들 질세라 내 아내 안 좋아한 사람 있으면 나와 보라고 법석이었다. 공부 잘하고 반듯하며 선생님 딸이었으니 인기가 많았다고 했다. 게다가 예쁘기는 한데 까칠한 면이 있어 말을 못 걸면서도 은근히 좋아했었나 보다. 그렇게 이야기하는 친구들 기죽인다고 술을 대작했더니 나만 중과부적으로 나가떨어졌다.

그렇지만, 그 인연으로 인하여 가까이 사는 동창 서넛과 가끔 만나 술친구를 한다. 언젠가는 부부 동반으로 저녁을 먹기도 하고 우리 집 정원에서 가든파티를 했다. 아내가 정년퇴임을 했을 때는 케이크와 꽃바구니를 준비하여 좋은 식당에서 축하해 주었다. 그때가 부부끼리 함께한 마지막 모임이었다.

한 친구의 아내가 심하게 아프다는 소식이 전해졌다. 그 전 해에 하나 있는 아들 결혼식에 참석하여 축하해 주고 나서 얼마 지나지 않을 때이다. 서울 큰 병원에 입원하였다 집에 내려와 요양하며 지내기를 반복했다. 그렇게 일 년을 버티던 친구 아내는 우리 곁을 떠나갔다. 집안 대소사며 대인관계와 경제적인 부분까지 다 맡아서 한, 품이 넓은 아낙이었다. 남편은 살뜰히 보살펴 주지 못한 죄책감에 심한 시달림을 받는 모양새였다.

우환은 몰아서 온다고 했던가? 이번에는 친구가 119에 실려 가 입원했다. 갑자기 말이 안 나오고 온몸이 마비되는 듯한 증세를 보인 것이다. 다행히 뇌졸중 초기임이 밝혀지고 약을 처방받아 퇴원하였다. 이전과 달라진 모습은 보이지 않은 채 예전 다니던 회사에 재취업하여 열심을 내었다. 지닌 시름을 일로 잊는 듯한 모습이었다. 가끔 만나서 술추렴을 할 때도 조금 자제하는 것만 빼고 크게 변한 게 없이 행동했다. 두 해쯤 지났으니 이제는 연애도 해야 하지 않냐는 얘기도 오갈 정도로 건강한 모습이었다. 겉모습만 그렇지 타들어

가는 속은 모른 채 함께한 우매한 친구들이었다.

　얼마 후에 다시 이전과 같은 증세가 나타났다. 아들과 전화 통화 중 말이 안 나오고 헛소리와 응얼거림이 들리자 아들은 바로 119를 불렀다. 전에 입원했던 대학병원을 거쳐 한방병원에서 재활 치료를 상당 기간 했다. 말뿐만 아니라 숫자도 글씨도 예전같이 쓰지 못했다. 그래도 몸은 마비가 되지 않아 일상생활에는 큰 불편을 겪지 않았다. 퇴원하고 나서도 재활 치료를 하며 운동도 열심히 하여 많이 회복되기는 하였으나 사고력은 현저히 떨어진 상태로 겉만 멀쩡한 친구가 되었다. 그만한 게 얼마나 다행이냐며 만난 퇴원 축하 자리에서 그렇게 좋아하던 술은 입에 대지 않았다.

　우리는 살면서 탯줄을 끊는 상실로부터 시작하여 수많은 상실의 아픔을 경험하고 견뎌 낸다. 부모를 먼저 보내고 친구를 잃으며 오랫동안 기르던 반려견도 하늘나라로 보낸다. 재산과 돈을 잃고 삶의 의미를 잊기도 하며 직장을 잃고 기억도 사라진다. 언젠가 어떤 형태로든 상실은 항상 우리 곁에 있다. 그 상실에서 느끼는 감정은 사람마다 하나도 같은 게 없이 다른 슬픔을 지니고 있다. 통상 느끼는 일반적인 반응은 외롭고 불안하고 죄책감이 들기도 한다. 그러면서 현실을 인정하려 들지 않고 집중력이 저하되거나 불면과 소화불량 등 신체적 거부반응도 나타낸다. 때로는 바깥나들이를 줄이고 집 안에서 나오지 않거나 식사도 거르며 슬픔을 곱씹기도 한다.

친구의 경우는 통상적이지 않은 복잡하고 특별한 상실의 고통을 겪고 있는 편이다. 평생 회사만 다녔지, 다른 모든 일을 책임져 왔던 아내를 잃고 나서 깜깜한 어둠의 나락 속으로 떨어진 것이다. 가면을 쓴 듯 슬픔을 나타내지 않고 멀쩡하게 다녔으나 속은 문드러지고 애는 까맣게 타들어 갔다. 그러다가 뇌졸중과 비슷한 몸의 반응을 보인 것이다. 통상 상심증후군이라고 하는 마음의 상처로 인한 육신의 병이 들었다.

상심증후군은 부모, 배우자, 자녀 등 가까운 이의 죽음이나 심한 갈등, 불안, 공포감 등으로 정신적 스트레스를 받을 때 생기는 병을 이르는 말이다. 이로 인해 아드레날린 등 호르몬이 과다 분비되어 심장이 일시적으로 손상을 입을 때 발생하게 된다고 한다. 심근경색과 유사한 증상이 나타나지만, 심혈관계 이상이 확인되지 않는 것이 특징인데 주로 여성에게서 많이 발생한다고 한다. 그리고 보면 학창 시절 운동선수를 했던 내 친구는 허우대는 멀쩡한데 생각은 단순하고 여성스럽게 여린 게 사실이다.

병원에서 내린 진단은 '스트레스성 심근병증'인데 나는 슬픔, 근심, 절망으로 마음이 상하여 생긴 상심증후군이라 생각한다. 책임질 수는 없으나 비교적 일치한다고 보기 때문이다. 왜냐하면, 친구가 입원했을 때 심장에서 일시적으로 압력이 약화하여 피가 뇌까지 도달 못 하여 생긴 증세인 듯하다는 의사들끼리 하는 말을 우연히 들었다는 것이다. 이것이 상심증후군의 전형적인 특징이다. 심각한 정신적 스트레스로 심장근육이 수축하지 못하고 심장 기능 저하 등으로 피를 돌게 하는 기능이 약화한 것이다. 여기에 호흡곤란, 가슴 통증, 우울증이 동반한다고 한다. 그러나 친구와 같이 말이 어눌해지고 인지능력이 떨어지는 것을 어떻게 설명할 전문지식은 없다.

　내 친구가 아내를 흔쾌히 놓아주고 슬픔의 터널을 빠져나와 잘 살았으면 하고 바란다. 나도 '괜찮아. 이겨야지. 산 사람은 살아야 해.'라는 등의 슬픔을 가중하는 말이 아닌 진심으로 따듯하게 위로하는 방법을 찾아 격려와 지지를 보내며 곁에 있어 주려고 한다. 슬픔의 강도에 관해, 상실의 아픔에 관해 더 이상 묻지 않고 편하게 지내려 한다. 바람과 햇볕에 빨래가 마르듯 시간이, 세월이 일정 부분 상실의 고통을 가져갈 테니까.

더위 먹다

 우리 몸은 참 신비롭다. 더우면 땀을 흘려 열을 내보내고 추우면 움츠려 체온을 보존한다. 그러나 무리한 행위로 몸의 균형이 깨질 때는 위험에 처하기도 한다. 여름엔 일사병과 열사병으로, 겨울엔 몸살감기나 동상이 걸리는 등이다.

 한여름엔 더위 먹었다는 말을 자주 듣는다. 더위에 지쳐 체온조절 기능이 제대로 작동하지 않거나 역부족일 때를 말한다. 올해는 유월인데도 삼복더위 못지않게 불볕더위가 기승을 부린다. 우리나라만이 아니라 전 세계가 더위로 몸살을 앓는다. 지구 온난화가 현실로 나타나는 것을 확실히 느낀다.

 하지를 하루 앞두고 양파를 캐던 날이다. 지난 늦가을, 평소 마음이 통해 호형호제하는 사이인 지인의 밭에 양파 삼천 포기를 심었다. 우리 집에서 차로 이십여 분 달려 도착하는 곳이다. 겨우내 추위를 이겨 낸 양파는 알이 굵고 튼실하게 잘 자랐다. 동네 친구 한 분과 셋이서 새벽 다섯 시가 채 안 되어 일을 시작했다. 얼추 두 시간

반 만에 다 캐고 양파 대까지 정리할 수 있었다. 뽑을 때마다 앉고 일어서기를 반복하며 한 번도 쉬지 않고 일을 했다.

지인의 둘째 형님이 일을 돕겠다고 오자 아침을 먹으러 다 같이 순댓국집에 갔다. 막걸리를 곁들여 든든히 먹고 나니 지인은 은근히 욕심이 생긴 모양이다. 요사이 사람 구하기가 어려운데 본인 포함 일꾼이 넷이나 생기니 '때는 이때다.'라고 생각한 것이다. 하지 감자 캘 적기인데 일손을 못 구하던 참이었다. 양파는 밭에서 말린 후 망에 담아 나중에 나르고 감자부터 캐자고 제안하였다.

긴 다섯 고랑에 비닐을 서둘러 걷어 낸 다음 더 더워지기 전에 일을 마칠 요량으로 부지런히 감자를 캐었다. 거의 다 캐 갈 무렵 어지러움을 느껴 '좀 쉬고 하자.'라고 말하며 그늘로 들어왔다. 땀이 비 오듯 쏟아지고 속까지 메스꺼워지기 시작했기 때문이다. 잠시 누워 있어도 진정이 되지 않아 급히 지인의 집에 들어가 샤워하고 흔들의자에 앉아 쉬다가 깜빡 잠이 들었다. 더위에 고생한다고 아내가 토종닭 백숙을 삶아 서둘러 가져오다가 내 모습을 보더니
"나이 든 분들은 밭에서 일하는데 한 살이라도 젊은 양반, 꼴좋다."
라고 비아냥거렸다. 일을 마치고 와서 하는 말이 10kg들이 상자에 캔 감자를 담으니 서른세 상자나 되었단다.

나도 내가 한심하여 곰곰 생각하니 어제부터 무리한 탓인 듯했다.

유월 들어 가장 더웠다는 날씨에 오후 내내 친구들과 골프를 쳤다. 온도계가 34도를 가리키는 햇볕 쨍쨍 내리쬐는 야외에서 다섯 시간 넘게 땀을 흘린 것이다. 늦게 집에 와 자다가 새벽에 일찍 깨어 나왔으니 몸에 탈이 날 만도 했다. 어쨌든 송구스러운 맘으로 그나마 아내가 가져온 백숙의 힘을 빌려 미안함을 달래며 점심을 먹었다.

"그렇게 마구잡이로 힘을 쓰니 빨리 지치지."
 열심히 일한 나를 칭찬 반 훈계 반 하며 그럴 때가 있다고, 조심해야 한다고 이구동성으로 한마디씩 했다. 그날도 폭염경보가 내려진 날씨였으니까 오전이라도 무척 더웠다. 집에 돌아와 원인을 곰곰 생각하니 막걸리에 돼지고기를 먹은 것도 문제였다는 걸 알았다. 고기를 소화하기 위해 체온이 더 많이 오르고 알코올도 열이 나는 역할을 한 것이다. 여름에 농사일이 참 힘들다는 경험을 새삼 했다. 열사병 초기증세까지 갔으니 누워서도 헛웃음이 났다.

 그러면서 아득한 옛일이 생각났다. 중대장 시절 완전군장 구보 측정을 할 때이다. 당시 군단장은 베트남 전쟁에서 혁혁한 전공을 세운 분으로 전투에 대한 확고한 신념을 갖고 계셨다. 초급장교가 전투의 승패를 좌우한다는 것이다. 그러면서 소위부터 대위까지 대대별 전투력 측정을 지시하였다. 주야간 사격, 태권도, 전술 시험과 완전군상 구보 등이었다. 병사들 훈련은 부사관이 전담하고 장교들은 자신의 전투 기량을 증가시키는 데 골몰하였다. 한 달 가까이 준비하였는데 가장 힘든 게 구보였다. 다른 종목은 다 잘하는 장교도 구보만큼은 자신 없어 하고 매번 낙오하거나 낙오 직전까지 가는 경우가 생겼다.

실제 측정 당일은 그때도 유월 하순으로 기억된다. 대대별로 10km를 한 시간 안에 들어와야 합격이었다. 옆 중대장과 번갈아 가며 내가 인솔한 우리 대대는 밀고 끌고 하며 제시간 안에 들어왔다. 안 좋은 사단은 인접 대대에서 일어났다. 생도 시절 럭비선수여서 체력이 강한 내 동기생은 대대 간부 중 뒤처지는 장교를 독려하고 심지어 군장을 두 개씩 메고 뛰었다. 그러다 너무 무리한 탓으로 결승점에 들어와 쓰러지고 말았다.

구급차에 실려 이동외과병원으로 후송된 다음에도 깨어나지 못했다. 이틀 만에 의식을 회복했는데 실어증으로 말을 못 한다는 안타까운 소식도 전해졌다. 열사병으로 체온이 40도를 넘기었으니 몸의 균형이 깨지며 군의관이 손을 쓸 수 없는 상태까지 이른 것이다. 측정을 마치고 병원에 위문을 가니 간신히 말문이 트이긴 했으나 아직 위험한 고비를 다 넘긴 건 아니라고 했다. 그렇게 며칠 더 입원했던 동기는 다행히 건강을 회복하여 부대로 복귀하였다. 이후에 몸보다 마음속 상처가 더 컸는지 야전에 남지 않고 다른 길을 선택하여 떠났다. 완전군장 구보로 인한 열사병이 한 사람의 인생행로를 바꾼 사건이 된 것이다.

여름엔 어김없이 일사병이나 열사병으로 후송되거나 사망하는 뉴스를 접하게 된다. 쉬엄쉬엄 일하며 충분한 수분 보충과 햇볕 강한 오후를 피해 농사일을 해야 하는데 무리를 한 탓이다. 비 예보가 있어 급히 마무리를 지으려고 하거나 수확 적기를 놓쳐 서둘다 보면 일어나는 탈이다. 나이 들수록 몸에 무리가 가지 않는 범위 내에서 움직이는 것이 더없이 중요한 일임을 깨닫는다. 내 소중한 몸뚱이가 균형을 잘 유지하도록 돌보며 살아야겠다. 더 이상 더위 먹지 않도록 말이다.

씨 뿌리는 자의 비유

씨를 뿌리면 다 똑같이 자라지 않는다. 나무도 마찬가지다.

수년 전 산자락 때기밭에 가시 없는 엄나무 묘목을 심었다. 경사가 지고 위쪽에는 큰 나무들이 그늘을 드리운 곳이라 크게 기대는 하지 않았으나 작년부터 봄에 맛있는 싹 대를 나물로 내어주고 닭백숙이나 돼지고기 수육을 할라치면 가지를 제공한다.

80여 그루의 묘목을 심었는데 이들이 자라면서 하나도 같지 않은 모양을 하는 것이 신기하기만 하다. 아예 몇 그루는 일 년 차에 고사하고 몇 그루는 두 번째 해 겨울을 못 넘기고 말라 버렸다. 가장자리에 있는 나무는 가끔 손을 보는데도 칡이나 다른 넝쿨 식물에 몸살을 앓아 크지 못하고 산비탈 큰 나무 가까운 곳에서 자란 것은 그늘로 인해 키만 멀대처럼 크다. 다른 묘목이 죽어 공간이 생긴 중간에서 자란 나무는 가지가 잘 뻗어 많은 나물을 내어주는 튼실한 나무로 자라고 있지만 그래도 모든 나무의 키와 수형이 다르다. 같은 날 같은 묘목을 심었는데도 몇 년이 지나는 사이 위치한 자리와 땅의 영양분 등에 의해 성장이 같지 않은 것이다.

이럴 때는 성경에 나오는 씨 뿌리는 자의 비유가 생각나곤 한다. 마태복음 13장에는 씨 뿌리러 가서 더러는 씨가 길가에 떨어져 새들이 와서 먹어 버리고 더러는 씨가 돌밭에 뿌려져 곧 말라 버리고 더러는 가시떨기나무에 떨어져 가시가 자라서 기운을 막는데, 좋은 땅에 떨어진 씨는 백 배, 육십 배, 삼십 배의 결실을 본다고 비유로 하신 말씀이 나온다. 이는 천국 말씀을 대하는 인간의 각양 모양새를 말하는 것이지만 농사를 짓고 나무를 심어 보면 글자 그대로 백번 옳은 말임을 알 수 있다.

과일을 맺지 않고 새순과 가지만 채취하는 엄나무도 이럴진대 과수나무는 더 민감하고 다르다고 한다. 복숭아 농장을 하는 후배를 찾아갔더니 배수로 가까이 있는 아랫녘 나무들은 당도가 떨어지고 같은 나무라도 남녘으로 뻗은 가지의 과실이 더 달다는 것이다. 그래서 산 중턱에서 따 온 아주 잘 익은 복숭아를 내어주어 가지고 온 적이 있다.

농사를 전문으로 하는 이들은 비닐하우스를 치거나 충분한 영양을 제공하고 배수 처리와 물 주기를 잘하여 균일한 당도와 크기의 농산물을 생산해 내지만 나는 해마다 작물마다 항상 다르다. 그러면서 핑계는 하늘에 주로 대는 편이다. 올해는 가물어서, 올해는 병충

해가 많이 와서 등등이다. 다행히 잎채소인 상추와 부추, 치커리, 로메인 등은 그런대로 키를 맞추어 병충해 없이 잘 자라는 편이다. 자주 실패하는 것이 대파, 당근, 마늘 등이다. 남의 밭에 가면 튼실하게 자라는 대파가 내가 심으면 잡초를 못 이기고 영 맥을 못 추며 비실대기 일쑤다. 주로 모종을 사서 심었지만 한 해는 씨를 뿌려 보았는데도 몇 개 나지 않았다. 은근히 병충해도 많고 잘 자라지 못했다. 아예 농약을 안 치고 거름도 적게 하니 파가 자라기에 적당한 환경이 안 되나 보다. 당근은 주로 씨를 파종하는데 균일한 크기로 자라지 못하고 시중에서 파는 상품의 반도 안 되는 빈약한 뿌리를 캐곤 한다. 게다가 쓸 만한 것과 너무 가늘어 버려야 할 것들이 섞여 나오는 현상이 계속되고 있다.

 마늘도 심어 보았는데 나름 튼실한 씨를 구매하여 정성을 다해 심었으나 그해 겨울 가뭄이 심하게 오는 바람에 봄이 되니 이파리가 말라 끝이 갈라지고 알은 원래 심었던 씨 마늘의 반도 안 되어 까는데 힘만 들었다. 그제야 내가 씨 마늘을 살 때 옆에서 지켜보던 나이 지긋한 할머니가 했던 말이 생각났다. 마늘은 잘못 심으면 씻값도 못한다고 나 들으라는 듯이 같이 온 이와 얘기했었다. 다음 해까지 심어 보고 나서 마늘은 주변 농사짓는 이들에게 매입해 먹는 것으로 아내와 타협을 보았다. 아내는 시중에 깐 마늘을 사지 않고 꼭 통으로 된 마늘을 접 단위로 사서 매달아 놓고 사용한다. 깐 마늘은 향이 사라지고 중국산일 경우도 있다는 이유이다.

그런데 자연에서 스스로 바람에 날아오거나 매개물에 묻어 옮겨진 잡초들은 왜 그리 잘 자라는지 모르겠다. 앞마당 잔디밭에는 어김없이 잡초가 자라는데 아내가 부지런히 오가며 수시로 제거하곤 한다. 그런데 어느 날 새벽 놀라운 광경을 보게 되었다. 잔디밭에 노란 꽃이 몇 개 피어 있는 것이다. 이파리는 없지만, 보아하니 민들레인데 손톱 크기만 한 꽃대를 세우고 하룻밤 사이에 꽃을 피운 것이다. 아내가 보이는 대로 자주 뽑으니 남아 있던 뿌리에서 기습적으로 꽃만 피워 생명을 이어 가려는 치열한 모습이어서 차마 내 손으로 뽑기가 거북하여 그냥 두었다. 관심도 두지 않은 미물에서 처절한 번식의 몸부림을 보고 나니 저절로 숙연해졌다.

반면, 내가 심은 꽃씨는 포트에 모판흙을 뿌리고 두세 알씩 넣어 자주 물을 주는데도 아예 안 올라오거나 비실대는 놈이 생긴다. 옮겨 심고 나서도 꽃을 피울 때까지 천차만별의 성장세를 보인다. 접시꽃은 내 키만 하게 자라 아래 줄기부터 위까지 연이어 풍성한 꽃을 피워 내는 녀석이 있는가 하면 자라다가 지쳤는지 아예 꽃을 안 피우고 가을을 맞이하는 놈도 생긴다. 과꽃과 꽃양귀비, 봉숭아, 분꽃 등 어릴 때 보았던 꽃밭을 연상하고 싶지만, 들쭉날쭉 제각각 꽃을 피우곤 한다.

특히 꽃양귀비 씨를 뿌릴 때는 어김없이 성경에 나오는 겨자씨 한 알이 생각난다. 모든 씨보다 작은 것이 자란 후에는 풀보다 커져 공중의 새들이 와서 그 나무에 깃든다는 구절이다. 꽃양귀비 씨는 눈에 간신히 보일 정도로 작은데 그 작은 씨에서 처연하게 붉고 화려한 꽃을 피우는 신비를 보여 주곤 한다. 외래종이나 교배종의 꽃들은 그 생명력이 아주 질겨 한 해 심어 놓으면 어김없이 다음 해에도 첫해보다 몇 배 많은 꽃을 피운다. 샤스타데이지나 루드베키아, 달리아 등이다. 물론 달리아는 알뿌리를 캐서 동면시켰다가 심으니 실패할 확률이 거의 없기도 하다.

자연과 더불어 살다 보면 생명의 신비를 자주 접하게 되는데 아무리 과학이 발달해도 들에 핀 백합 한 송이 만들어 내지 못하는 인간의 한계와 그렇기에 신의 존재를 인정할 수밖에 없는 경우가 생긴다. 봄부터 겨울까지 누가 가꾸지 않아도 스스로 생명을 유지하고 이어 가며 만든 이의 법칙을 잘 지켜 나가는 자연의 질서를 깨닫게 된다. 그래서 경외감을 느끼며 더 겸손해지곤 한다.

Ⅲ

나는 성공했는가

나는 성공했는가
눈(雪)에 관한 정서
예닐곱 살의 기억
어린 가슴에 맺힌 멍울
길 위에 나를 보다
아버지를 기리며
삶이 그대를 속일지라도
외로움이란 감정
오대산과 나
남애항
미안한 친구

나는 성공했는가

성공의 정의는 시대마다 사람 따라 다양하다. 인생의 결과라고 하는 이도 있으나 누구는 삶의 과정이라고 한다. 정상에 서야 성공이라고 하는가 하면 어느 시점에서 멈추어도 좋다고 주장하기도 한다.

오랫동안 우리가 알고 있던 성공은 입신양명(立身揚名)이었다. 자신을 일으켜 이름을 세상에 떨치는 것이 효도라고 《효경》에 나오는 말이지만, 성공의 최종 모습이라고 생각했다. 공부를 잘하여 장원급제하거나 장수로 큰 전투에 승리함으로써 나라를 구하여 이름을 날리는 등이다. 역사적으로 보면 과거시험에 합격하여 관직에 오른 후 밤낮없이 일하여 높은 직책을 얻었으나 누구는 간신이 되고 누구는 충신이 되는 경우가 있다. 간신이 되려면 다른 이보다 일찍 입궐하여 임금 곁에 한시도 떨어지지 않으며 심기를 살펴 요령껏 처신해야 가능했을 것이다. 한편, 충신은 어느 중요한 정책 결정에서 임금보다는 국가와 백성의 안위를 생각하여 '아니 되옵니다.'를 목숨을 내놓고 읍소함으로써 얻게 되는 명성이다. 그렇게 하여 귀양을 가기도 했지만, 역사는 충신을 성공한 사람으로 간신을 실패한 인물로 기록한다.

일제 강점기 시절 조선인 최초의 판사였던 효봉 선사는 자기 나라 사람을 사형 선고하고 나서 양심의 가책을 받아 법복을 벗었다. 이후 삼 년을 엿장수로 전국을 떠돌다가 금강산에 들어가 출가하였다. 장좌불와(長坐不臥)의 정진 끝에 깨달음을 얻어 한국 불교의 큰 봉우리로 우뚝 서 대한 불교 조계종 초대 종정이 되었다. 자신의 양심을 지킨 결과이다. 반면, 어려서 사서삼경에 통달하고 영어에도 능변이었던 이완용은 을사오적에 친일파의 우두머리로 아이들부터 배워 모르는 이가 없다. 그도 자신이 하는 일이 잘못된 것임을 알았겠지만, 일신의 영달과 눈앞의 권력, 명예에 눈이 멀어 자신의 양심을 팔아 버린 결과이다. 당시 짧은 시기로만 보면 그는 조선인 중 최고로 성공한 인물이었을 것이다.

　최근에 정치인들을 보면 역사가 두렵지 않은지 권력을 탐하고 편 가르기를 서슴지 않으며 국가의 이익과 국민의 안위를 저버린 채 활보하는 모습을 보면서 답답함을 느낀다. 제발 가슴에 손을 얹고 자신의 양심에 비추어 역사와 민심을 두려워하는 인간으로 거듭나기를 바랄 뿐이다. 개인적으로, 정치적으로 성공하려면 국가 이익과 미래 인류발전에 이바지하려 노력해야지 역행하면 훗날 역사에 심판받게 될 텐데 말이다. 그리고 내면의 진실함에 귀를 기울여 정직, 양심, 절제 등 도덕성에 기초한 인격적 자존심을 지켜 나갔으면 좋겠나.

세계적인 갑부인 워런 버핏의 인터뷰를 보다가 그가 생각하는 성공에 대한 개념에 놀랐다. 어떻게 하면 사업을 크게 일으켜 돈을 많이 벌고 관리하여 사회에서 영향력을 행사하는 것이 성공이라 할 줄 알았다. 그런데 그는 '성공이란 주변 사람들에게 사랑받는 것'이라고 정의하였다. 그것도 나이가 예순다섯에서 일흔이 지난 후 당신이 사랑받고 싶은 이들에게 사랑받고 있다면 성공이라고 말했다. 반려자를 먼저 위하고 누구와 관계를 잘 맺느냐가 성공이라고 한 것이다. 소위 세상이 인정하는 정상에 서서 바라본 사람이 내린 성공의 개념이라서 마음속 깊게 다가왔다.

성공은 어렸을 적에 소망했던 꿈을 나이 들어서 이뤄 내는 것, 청소년 시절 꿈꾸던 자신을 어느 시점에 만나는 것일 수 있겠다. 태어나서 가난한 것이 내 잘못은 아니지만 늙어 궁핍한 것은 자신 책임이다. 화목하지 않은 가정에서 태어난 것은 죄가 되지 않지만, 가정이 화목하지 못한 것은 자기 잘못이다. 일시적인 성취에 정신이 혼미해져서 성공한 것으로 착각하기도 하고 순식간에 얻은 승리의 만족감에 사로잡혀 세상을 다 얻은 양으로 뻐기며 행동할 때도 있다. 그러나 성공이란 목표에 도달한 성취보다 어떻게 목표까지 도달했는가 하는 과정이 더 중요하다. 그 여정이 성공과 실패를 좌우한다고 생각한다. 올바른 길에서 정당한 방법으로 열정을 다해 이뤄 낸 목표 달성만이 진정한 성공이다.

최근에 우리나라 사람들은 평범한 인생, 즉, '중간인' 그 자체를 성공으로 보는 경우가 많다고 한다. 경제적으로 나름 여유로운 삶에다가 자기 스스로 만족하는 일상을 말하는 것이다. 누구나 고유한 각자 인생을 살기에 자기만의 목표를 잡아 살려는 것이다. 살다 보니 한 시절, 한고비마다 성공이 쌓여 삶을 이루는 듯하다. 물론 여러 번 실패하고 그때마다 다시 시작하여 성공에 이른 삶도 있지만, 내 경우는 조금씩 나아진 삶을 살아왔다.

　열심히 공부한 덕분에 사관학교에 운 좋게 합격하였다. 그 시절 나를 옥죄게 한 것은 연좌제와 관련하여 신원조회에 불합격하는 것이었는데 6.25 전쟁 당시 오대산 자락에 살았던 우리 집 친척 일부가 북으로 끌려갔기 때문이다. 생도 생활을 마칠 즈음 지금의 아내를 만나 연애 전선에서 성공하여 결혼에 이를 수 있었다. 그리고 군 생활은 부하들을 사랑하고 상급자에게 인정받으며 하나님의 보호 아래 큰 사건 사고 없이 무난히 마칠 수 있었다. 독수리눈으로 나를 바라보고 지금 여기에서 최선을 다했는가를 자문하곤 했던 삶이다. 역사성을 생각해 가며 미래 발전에 벽돌 하나라도 더 쌓으려고 열심히 노력했고 양심에 비추어 사리사욕을 채우지 않았다. 공금은 투명하게 관리했으며 아랫사람에게 대접받는 것을 지극히 꺼렸다.

　전역 후 시골에 정착하여 사연의 아름다움에 감탄하며 나무를 심고 주변을 가꾸며 여유롭게 산다. 정년은 일의 종착점이 아니라 새로운 삶의 시작임을 알고 주변인들과 좋은 관계를 맺고 선한 영향력을 미치려고 활동한다. 그사이 깊은 곳에서 잠자고 있었던 나를 깨워 덮인 먼지를 털어 내고 능력을 일으켜 글을 쓴다. 워런 버핏의 말대로 이 나이에 아내와 자식들에게 존경은 아닐지 몰라도 사랑받으며 산다. 어린 시절 가난은 어느 순간부터 아득한 추억으로만 남아 있고 가난함으로 배운 교훈들로 나를 포장하곤 한다. 나는 성공한 사람이 아닐까?

성공은 하룻밤에 이루어지지 않고 꿈과 열정, 사랑으로 이루어진 작은 성공들이 모여 한 사람 인생의 성패를 좌우한다고 생각한다. 남은 시간은 태어날 때보다 더 좋은 세상을 만드는 데 조금이라도 이바지하며 날마다 아름다운 날들로 가꾸어 살기를 소망한다.

눈(雪)에 관한 정서

 눈은 세월을 얹고 달리 보인다. 밤새 내린 눈으로 아내가 눈 오리와 눈사람을 만들어 찍은 사진을 친구들에게 보냈다. 감정이 무디어져 빙판길 걱정만 한다는 답신이 왔다.

 눈만큼 동심으로 돌아가게 하거나 보는 이의 마음에 따라 다양한 표현을 하는 게 있을까? 누군가는 첫눈 오는 날 만나자고 약속하는 이가 있다면 행복한 사람이라고 말했다. 약속은 없지만 지금도 첫눈이 오면 누구를 만나고 싶어진다고, 다시 첫눈이 오는 날 만나고 싶은 사람이 단 한 사람이라도 있으면 좋겠다고 했다. 오랜 세월이 묻어 어렴풋해진 얼굴이 다시 첫눈이 내리면 생각이 난다고도 했다.

 그랬다. 초등학교 오학년 말에 부산에서 한 아이가 전학을 왔다. 그해따라 첫눈이 펑펑 내려 아침부터 고무신에 새끼를 매어 등교하면서 반쯤은 젖은 옷을 난로에 말리고 있었다. 창밖을 보니 그 아이가 상화를 신고 우산을 받쳐 들고는 폴짝거리고 빙글 돌다가 지그재그로 눈 쌓인 운동장을 걸어오고 있었다. 교실에 와서 하는 말이 '난

생처음 이런 눈을 보았다.'라며 이렇게 아름다운 풍경은 하나님 작품이 분명하다고 흥분하였다. 수업 중에도 연신 고개를 돌려 눈을 바라보며 풋풋한 미소를 짓곤 했다. 오전 수업을 마치는 시간까지 그치지 않아 책보를 허리띠에 단단히 매고 다시 신발을 묶고 있는데 조용히 다가온 그 아이가

"자! 우산 쓰고 가. 나는 가까우니까 눈 장난 하며 갈게."

하는 것이었다. 눈을 맞는 것이 이골 난 터라 황급히 거절하며 부리나케 자리를 떴다. 집에 오는 내내 발목에 잠기는 눈이 여느 때보다 부드럽고 따스했다.

온 세상이 하얗게 된 아침에 동화 속 아이가 되어 아무도 걷지 않은 길을 걸어야겠다고 한 사람도 있다. 눈 덮인 새벽길에 첫발자국을 남기면 마음이 상쾌하고 즐겁다는 이도 있다. 나는 서산대사의 오도송으로 아는 이가 많으나 조선 후기 이양연(李亮淵)이 쓴 시를 좋아했고 이 시는 김구 선생이 평생 좌우명으로 삼았다고 한다.

"눈 덮인 들판을 밟아 걸어갈 제 모름지기 어지럽게 걷지 마라. 오늘 내가 걷는 발자취는 뒷사람의 이정표가 되리니(踏雪野中去 不須胡亂行 今日我行跡 遂作後人程)."

최근에 역사적 진실이 알려지면서 김구 선생에 대한 존경심이 많이 희석되기는 하였으나 나라 독립을 위해 평생을 헌신한 노고는 부

인할 수 없는 사실이다. 다만, 남북한이 갈라지지 않고 통일된 채로 정부를 수립하고자 하는 순수성이 그 시대의 국제정세와 현실을 잘 못 판단, 김일성에게 이용당함으로써 미군 철수를 주장하고 대한민국 건국을 반대한 오점을 역사에 남겼다. 뒷사람의 이정표가 되려면 더욱 냉정하게 역사를 인식해야 했을 것이다.

눈은 하나님이 하얀 도화지를 만들고 겨울 그림을 그린다고도 표현했다. 그곳에 노루, 사슴, 산토끼, 꿩 등을 불러내 발자국을 콕콕 찍어 넣는다고 하였다. 어떤 이는 눈 위를 가면 발자국이 따라온다고 했고 누구는 추위를 막아 주는 이불로도 표현했다. 내가 고등학교 때 새벽에 내리는 눈을 보며 전깃불에 비쳐 은가루가 뿌려진다고 했다. 하늘과 땅을 이을 듯한 수많은 생명체의 난무가 소리 없이 겨울을 노래한다고도 했다. 그리고 지구의 한 표면인 하수구를 배회하며 오수에 물들겠지만, 현실의 각박함을 잊고 동심으로 돌아가게 하는 인간에게 고마운 존재라고 썼다. 그 시절은 도시에서 어려움을 겪던 날들이라 이내 눈이 하수도로 흘러 오염됨을 걱정했는지도 모른다.

눈은 가벼워 서로를 업고 있어 포근하다고 느끼기도 했으며 소리 소문 없이 체 쳐서 백설기를 안친다고도 했다. 가장 많이 회자하는 시구는 교과서에 나오는 김광균 시인의 "먼 곳에 여인의 옷 벗는 소리"일 것이다. 홀로 뜰에 내려 쌓이는 눈을 보며 어떻게 청각적인 은

유를 불러와 과거의 추억과 애잔한 슬픔을 덮게 한 것일까? 생도 시절 내가 쓴 글에는 눈이 쌓이면 그 속에 사랑, 추억, 동경, 동심, 고향 등의 언어가 숨어든다고 보았다. 다시 오지 못하는 만남, 약속, 이별, 마지막 인사 등을 숨기며 그곳에 그리움과 설움을 간직한다고도 했다. 상상의 붓으로 그리는 한 폭의 화지를 펼쳐 놓고 콩나무를 타고 올라가는 동화 속 주인공 '잭'이 되기도 했다. 눈을 타고 하늘에 올라 마음속 세 치 난쟁이가 거인처럼 크기를 바랐다. 한창 연애하던 시절에는 "만약 한 송이 눈꽃이라면 공중에 몸을 씻고 아름답게 춤을 추다가 살포시 파문을 일으켜 그녀 부드러운 품 안으로 녹아 스러지리."라고 썼다.

세상이 어지러운 겨울에는 순결의 여신 아프로디테가 순수한 천사들을 데려와 땅 위에 탁한 잘못을 깨끗하게 덮어 주기를 기도했다. 자연의 이름으로 씻어 지우는 이 거룩한 은총 앞에 인간의 욕심을 털어 넣고 내일이 더 맑고 밝기를 바랐다. 날이 새어 섣달 햇볕에 눈이 녹아 스러지고 잊었던 아픔이 되살아나면 다시 눈이 오기를 기다리자고도 했다. 그렇게 눈은 항상 인간을 정화하고 세상을 깨끗하게 하며 우주의 섭리대로 아래로 낙하하는 법을 가르친다고 보았다.

그랬는데 어느 때부터인가 제설 작전에 참여하고부터는 눈이 하늘에서 내려오는 쓰레기라는 병사들의 푸념을 듣게 되었다. 밤새 치워도 끝이 보이지 않는 날은 참 하늘이 원망스러웠다. 당장 밥은 먹어야 하니 부식차가 오는 길은 얼지 않게 치워야 했다. 잠이야 다음에 잘 수 있지만 배고픔은 시간을 어기는 법이 없지 않은가? 지금도 습기를 잔뜩 머금은 눈이 밤새 내리는 날은 전방에서 고생하는 병사들이 걱정되곤 한다.

시골에 들어와서 차갑게 식어 버린 감정선을 살려 옛 정서를 되찾았다. 눈 오는 날은 아련한 추억에 잠겨 진종일 은색의 겨울왕국을 누리며 상념에 젖는다. 싸락눈도 진눈깨비도 함박눈도 나름대로 운치가 있고 나무 위에, 숲속에 내려 쌓이거나 덮이는 시시각각의 변화를 마음 가득 감상한다. 세상을 한순간에 순백으로 변화시키는 데 눈만큼 잘하는 게 있을까? 그저 고맙고, 감사할 뿐이다.

눈은 마음에 따라 장소에 따라 세월에 따라 보는 이의 감정에 따라 제각각 표현되지만 글 쓰는 소재로 가장 자주 등장하는 현상일 것이다. 더 나이 들어도 눈 오는 날은 눈사람을 만들며 동심에 젖어 놀았으면 좋겠다. 노부부가 눈싸움하며 잦은 숨을 몰아쉬는 상상을 해 보자. 영화 〈러브 스토리〉의 명장면이 떠오르지 않을까?

예닐곱 살의 기억

빛바랜 사진 한 장이 남아 있다. 땟국물이 흐르는 얼굴에 잠방이를 걸친 한 아이가 형과 함께 서 있다. 내 여섯 살 때 모습이다.

당시에 나는 꿈도 못 꾸었지만 요즘 아이들은 어린이집과 유치원을 다니며 실내에서 주로 논다. 아니, 학습한다고 해야 맞을 듯하다. 노래, 율동, 자연 탐구, 독서, 낱말 깨치기, 숫자 맞추기 등이 주로 하는 일과이다. 독일 등에서는 그나마 놀이터와 정원을 크게 만들어 야외 학습을 중시하는 데 비해 우리나라는 공부 위주의 프로그램을 운영하는 게 보통이다.

최근에 조기교육 열풍은 태교부터 시작되는데 뱃속의 태아에게 동화를 읽히고 영어로 인사하는 경우 등이다. 더 극성인 부모는 영어 유치원에 보내기 위해 '4세 고시'라는 말이 생겨날 정도로 아이를 닦달한다고 한다. '영어는 머리와 상관없이 조기에 반복 학습이 중요하다.'라는 믿음 하나만으로 우리말도 채 못하는 아이에게 영어를 강요하는 것이다. 공부하는 뇌가 자라기도 전에 혹사당함으로써 스트레스가 증가하여 소아정신과에 다니는가 하면 창의력이 부족하고 감정 조절이 안 되는 아이로 성장하는 경우가 생겨나곤 한다. 어릴 때는 어느 분야에 흥미를 느끼고 재능이 있는지 발견하는 게 중요한데 뇌세포가 발달하지 않은 상태에서 과도하게 뇌를 사용하면 과부하가 걸려 인지발달이나 정서발달에 부정적인 영향을 끼치고 생각 머리가 자라지 못한다.

교육은 시기도 중요하지만 적기에 개인 속도에 맞추어 건강하면서 창의적인 사람으로 자라게 하는 것이 우선되어야 한다. 아이들은 개별적이다. 모든 아이는 독특하고 특별하다. 서로 다른 성격과 재능을 가지고 태어나는 것이다. 장 피아제는 발달이론에서 아이들은 놀면서 세상을 배우고 세상을 살아가는 데 필요한 여러 가지 능력을 익힌다고 했다. 남들보다 일찍 영어나 수학을 배우는 것보다 그 시기에 더 중요한 것은 자기 스스로 삶을 이끌어 가는 힘을 길러 주는 게 아닐까 한다.

그러면서 나의 어린 시절을 떠올려 본다. 당시는 6.25 전쟁이 할퀴고 간 상흔들이 곳곳에 남아 있었다. 내가 태어난 항구에는 함경도에서 피란 나온 이상한 사투리를 쓰던 이들이 함께 살았고, 다리를 다쳐 목발을 짚거나 한쪽 팔이 없는 상이용사늘이 심심찮게 보이던 때이다. 바닷가 집집이 빨래 널듯 오징어를 꿰어 말렸고 밤에는 채낚기 등을 밝힌 배들이 수평선 가득 별처럼 반짝이곤 했다. 풍랑이 거세거나 폭풍이 몰아친 며칠 후의 바닷가 백사장에는 굿판이 종종 벌어졌는데 남편 잃은 아낙네의 울부짖는 소리가 들려오곤 했다.

 어디까지가 부모님이 들려준 얘기이고 어디까지가 나의 기억인지가 확실하지 않을 때이다. 정신이 온전치 못한 동네 누나를 놀리다가 쫓겨 시궁창에 내동댕이쳐진 것은 들은 얘기이고 그로 인해 부어오른 팔에 침으로 새까매진 피를 뽑고 붕대를 감은 것은 기억나는 일이다. 서너 살 이전에 나는 지독한 진드기여서 어머니와 떨어지지 않으려고 종일 졸졸 따라다녔다고 했다. 그러다가 동생이 태어나고 나서는 어느새 오빠 역할을 하더란다. 떼도 안 쓰고 스스로 하는 일이 많아지기 시작했단다. 그때부터 형을 따라다니며 형들과 어울려 다녔다.

 뚜렷이 기억나는 것은 일곱 살, 만 여섯 살 무렵부터다. 동네에 함경도에서 내려온 집에 동갑내기가 있었고 그 아래 집에 두 친구 등, 넷이 아침부터 꽤 먼 거리의 시내를 배회하고 부두에서 떠돌다가 역전에 가서 기차가 들어오는 것을 바라보곤 했다. 기차가 출발하면 냅다 뛰어서 경주를 시작했는데 얼마 못 가서 놓치고 나면 그길로 철교 아래 개울로 내려가 놀다가 집에 왔다. 큰조카네가 동네에 같이 살면서 사탕을 팔아서 자주 들르곤 했는데 친구들 골목대장이 될 수 있었던 것도 가끔 얻어 오는 사탕의 힘이 컸다고 생각한다. 형이 학교에서 돌아오면 그들과 어울려 바닷가도 가고 산으로도 가서 놀

앉다. 형들이 하는 놀이는 다 따라 했다. 숲에 들어가 전쟁놀이한다고 숨거나 나무칼로 싸움하곤 했는데 어느 날은 숨기 위해 나무에 올라갔다가 떨어져 왼쪽 팔꿈치를 베어 또 침을 맞고 된장을 붙이고 다녔다.

여름에는 바다에 나가 모래펄에 숨어 있는 조개를 잡았다. 발로 모래를 헤집어 딱딱한 감촉이 느껴지면 자맥질을 하여 건져 올리는 것이다. 통상은 허리춤까지 깊은 물에서 놀았지만, 어느 날은 가슴 높이까지 들어갔다가 파도에 휩쓸려 바닷물을 흠뻑 마신 후 형들이 구해 주었다. 형들과 방파제를 뛰어 모래사장에 떨어지는 놀이도 했는데 이층집만큼 높아 당시의 시선으로는 까마득하게 보였다. 어김없이 다음 날 친구들을 데리고 가서
"뛰어내려 봐. 사탕 줄게."
라고 했지만 아무도 도전하지 못했다. 그러면 내가 어제 형들과 했던 대로 뛰어내려 어깨를 으쓱하곤 했다. 그러다가 하루는 발목을 베어 침을 맞고 생지황, 즉 작약 뿌리를 으깨 붙이고 다닌 적이 있다. 그해 팔을 두 번 접질리고 다리를 한 번 다쳐 그나마 집 안에 있었던 적이 여러 날이었다.

종일 돌아다니며 놀았으니 저녁을 먹으면서 꾸벅꾸벅 졸기도 했나. 그렇게 잠이 든 날은 가끔 아침에 축축한 이불의 감촉을 느끼며 일어나곤 했는데 어김없이 어머니의 불호령이 떨어졌다. 다 큰 놈이

오줌도 못 가린다고 혼나곤 했는데 지금 생각하니 너무 피곤하게 놀아서 깨어날 시간을 놓친 게 아닐까 한다. 석탄 먼지가 날리는 역전이나 비린내가 진동하는 부둣가를 돌아다녔으니 항상 발은 까마귀 사촌을 닮아 있었다. 당시에 자주 듣던 말은 뭐가 되려고 망나니짓만 골라 하고 다니느냐는 것이었다.

　요사이 젊은 부모들 시선으로 바라보면 커서 밥 빌어먹기 딱 알맞은 행태일 것이다. 그러나 사고력, 판단력, 집중력을 관장하는 전두엽이 한창 발달하는 시기에 마음껏 뛰어놀았던 것이 나쁜 것만은 아닌 듯하다. 사회 적응 능력, 어려움을 극복하는 능력, 자기 스스로 문제를 해결하는 능력, 스트레스를 덜 받고 이겨 내는 능력 등이 잘 발달되었다고 자부한다. 물론 부모님이 바쁘셔서 방임하여 자라긴 했지만 탓할 생각은 추호도 없다. 누구나 자기 먹을 복은 가지고 태어난다고 하니 말이다.

어린 가슴에 맺힌 멍울

⋮

　학교에서 집 가는 길옆에 사과 과수원이 있었다. 동네에서 제일 부자네 밭이었다. 그 집 아들이 내 짝꿍이었는데 벌써 오십 년도 더 지난 초등학교 때 일이다.

　짝꿍의 집은 기와를 얹은 한옥인데 행랑채가 있고 대문을 열고 들어가면 안채와 사랑채가 있었다. 한창 부자였을 때는 머슴과 식모를 부리며 살았다고 했다. 초등학교 3학년 겨울 방학 때 숙제를 도와달라고 그 친구 어머니가 나를 며칠 같이 공부하도록 재워 주었다. 쌀밥에 고깃국을 먹으며 후식으로 나온 곶감과 사과로 호사를 누렸다. 삼촌이 베트남 파병 갔다가 휴가를 나온 날은 난생처음 햄과 초콜릿도 맛보았다. 우리 집과 비교하면 꿈도 꾸기 어려운, 별천지 같은 경험이었다. 곧 4학년이 되는데 그 친구는 국어책도 더듬더듬 읽고 산수는 쉬운 덧셈과 뺄셈을 어려워하는 수준이었다. 힘도 나보다 약하고 공부도 못하니 크게 부러운 맘은 없었다.

　내가 다니던 학교는 분교였고 우리가 첫 졸업생이라서 할 일이 많앉다. 체육 시간에는 운동장에 돌을 골라내고 움푹 파여서 물이 고이는 곳에 모래와 마사토를 세숫대야로 날라 부었다. 집에 가 부모님 농사일을 거들어 드려야 했으나 반장이라는 핑계로 늦게까지 학교에 남아 소사 아저씨를 따라다니며 화단도 가꾸고 나무도 심는 등 일을 도왔다. 점심은 옥수수빵이나 범벅 같은 옥수수죽이 나오고 덩어리 분유가 배급되던 시절이었다. 적은 돈이라도 봉급을 받는 아저씨는 과자 등 간식을 내어 주었고 늦게 일을 마치는 날은 저녁 대접도 받았다. 4학년이 되어 담임선생님이 새로 오셨는데 제일 부자인 내 짝꿍네 집에 하숙하였다.

우리가 제일 상급반이니 동시를 짓는 백일장이나 동요 부르기 대회 등엔 어김없이 내가 선발되어 나갔다. 부반장인 이장 딸과 같이 나가기도 했다. 이장네 논이 우리 집과 가까운 데 있어서 써레질하고 모내기할 때는 엄마를 도와 새참이나 점심을 이고 왔는데 어김없이 나를 불러 같이 먹었다. 숫기가 없었던 나는 고개를 들지 못하고 밥만 먹었다. 학교에서는 남자와 여자를 분단을 나누어 따로 앉혔기 때문에 서로 말할 기회가 거의 없었다. 그중 부반장인 아이와는 제일 친하게 지냈지만 살가운 말을 건넬 정도는 아니었다.

여름방학이 다가와 가정통신문을 받는 날이었다. 곁눈질로 내 짝꿍의 성적표를 본 나는 많이 놀랐다. 간신히 국어책을 읽는 수준인 그에게 '수'가 여러 개 표시되어 있었다. 순간 그 집에 하숙하는 선생님을 의심하지 않을 수 없었다. 2학기가 시작되고 나서 선생님에 대한 반항심이 생겨 숙제도 대강하고 질문에도 건성으로 답하곤 했다. 내 짝꿍이 무엇을 물어보면 쏘아붙이며

"선생님에게 물어봐!"

하며 짜증을 내었다. 괴롭히지는 않았지만, 그에게 괜스레 화풀이하며 어깃장을 놓았다. 이런 나의 모습을 보며 선생님은 눈치를 챈 듯하였다.

여자아이들 여럿이서 고무줄놀이하는 중간에 들어가 고무줄을 끊는 장난을 치던 날이었다.

"너 선생님께 이른다."

"그래. 일러라 찔러라. 내가 선생님을 이겨."

하고는 교실에 들어왔다. 그런데 부반장인 이장 딸이 곧이곧대로 선생님에게 이른 것이 화근이 되었다.

"반장! 나와."

엉거주춤 불려 나가는데 선생님이 손목시계를 풀어 교탁에 올려놓는 것이 눈에 들어왔다. 앞에 나와 서는 순간 뺨에서 번갯불이 번쩍하고 터졌다.

"네가 나를 이겨?"

그 이후에는 얼마나 어떻게 맞았는지 기억이 나지 않는다.

정신없이 교실을 도망쳐 나와 무작정 집으로 향했다. 간신히 정신

을 차려 개울에서 얼굴을 씻고 놀다가 하교 시간쯤 집에 들어와 이불을 쓰고 누웠다. 두런거리는 소리가 나서 귀를 기울이니 친구들이 내 책보자기를 들고 집에 와서는 어머니한테 자초지종을 이야기하고 있었다. 친구들이 돌아가고 나서 나를 혼내 주려고 들어오신 어머니는 내 얼굴을 보더니

"세상에나! 얼마나 맞은 거야?"

하며 속상해하셨다. 점점 부기가 올라 얼굴 한쪽이 혹처럼 부풀어 오른 것이었다. 다음 날 장에 가 약을 사서 발라 주긴 했지만, 선생님에게 따지거나 알아볼 생각은 하지 않으셨다. 가난하고 배우지 못한 부모님이 원망스럽기 그지없었다.

휴일을 포함하여 닷새 만에 학교에 갔다. 느지막이 도착하여 교실에 들어가는 순간 조용해지며 얼어붙은 듯한 긴장감이 느껴졌다. 자리에 앉자마자 머리를 푹 숙인 채 아무 말도 하지 않았다. 선생님이 들어오고 당연히 반장인 내가 '차려, 경례' 구호를 해야 했으나 머리를 들지 않으니 부반장인 이장 딸이 대신하였다. 수업을 다 마칠 때까지 서로가 그 일에 대해서는 아무도 이야기하지 않았다. 남자 동창들이 쉬는 시간에 찾아와 내 상태를 보고 어떠냐고 묻고 가긴 했다.

며칠이 지나도 비슷한 상황이 계속될 즈음 교장 선생님이 나를 호출했다. 이미 다 알고 있는 듯

"선생님이 네가 미워서 그런 게 아니다. 잘되라고 하신 행동이니

네가 참아라."
 라고 달래셨다. 눈물이 왈칵 쏟아졌지만, 전혀 수긍이 가진 않았다. 어쩔 수 없이 내가 져야지 하는 자괴감이 들 뿐이었다.

 그렇게 시간이 흘러 얼굴에 부기가 빠지듯이 마음의 상처도 아물어 갔다. 그러나 선생님에게 고자질한 부반장을 포함한 여자아이들은 내가 지나쳐 가기라도 하면 흠칫 놀라며 피해 다녔다. 그 일이 있고 나서 졸업 때까지 여자 동창들하고는 별로 친해지지 않았고 그들이 나를 멀리했다. 중학교 때 강물이 불어 강을 건네주는 나룻배가 뭍에서 한참 떨어져 정박할 상황이 생겼다. 그때 내 등을 내밀어 이장 딸을 업어 준 것이 전부였다.

 오십 년도 더 지난 일인데도 얼마 전 동창들을 만났더니 나보다 더 생생하게 전후 상황을 알고 있었다. 지금 하는 이야기 중 상당 부분 그들에게 들어 기억을 되살린 것이다. 때린 사람은 쉽게 잊지만 맞은 사람은 오래도록 가슴에 멍울이 남는 게 인간사인 듯하다.

길 위에 나를 보다

⋮

 난 굽어진 숲속 길을 참 좋아한다. 한참을 아무 생각 없이 걷다가 문득 펼쳐지는 탁 트인 어드메에 이르기 때문이다. 지금의 나를 보면 오솔길을 지나 목적지에 서서히 다가가고 있음을 느끼게 된다.

 생도 시절 즐겨 암송했던 로버트 프로스트의 〈가지 않은 길〉에는 숲속에 난 두 갈래 길에서 오랫동안 가지 못하는 길을 안타깝게 바라본다는 시구가 있다. 훗날 가지 않은 길에 대해 후회하게 될지도 모르지만 내가 택한 길 때문에 모든 게 달라졌다고 마무리되는 시이다. 우리의 인생길에서 누구나 공감하는 시이기에 많은 이들이 애송하고 있다. 살다 보면 내가 선택할 수 없는 것과 있는 것이 있는데 부모나 혈육 등은 선택할 수 없는 것들이다. 그러나 학교, 직업, 배우자는 자신이 선택하여 평생 함께하는 이름표가 되며 선택하지 않은 다른 길에 대해 많은 아쉬움을 나타내는 부분이기도 하다. 나는 육군사관학교에 입학하는 순간 직업도 결정되었고 졸업 즈음에 지금의 아내와 결혼하기로 약속했기에 선택에 대한 고민은 별로 하지 않은 삶을 살았다.

한자로 길은 도(道)인데 도(道)가 모든 삶을 이끌어 가는 시작이요 옳고 그름을 가리는 기강(道者 萬物之始 是非之紀也)이라고 한비자는 말했다. 물론 여기서 말하는 도(道)는 길이라기보다 인간의 도리를 이야기하는 것이다. 그러나 나는 자기가 선택한 길에서 시작된 인생이 길 위에서 시시비비를 가리며 살아온 것이라고 생각을 확장해 보았다. 그런데 모든 동물은 자기가 가야 할 길을 본능적으로 알지만 유독 사람만이 갈 길을 모르고 헤맨다고 한다. 쓰나미가 몰려올 때 동물들은 미리 알고 피하는데 인간만이 모른다는 것이다. 물론 본능에 지배당하지 않기 때문에 문명과 문화를 창조해 만물의 영장으로서 삶을 사는 것이겠지만 응당 가야 할 길이 있음에도 불구하고 자기가 가야 할 길을 모르고 좌우로 앞뒤로 헤매면서 욕심에, 욕망에 얽매이는 삶을 살아오지는 않았는지 자문해 본다.

어른들이 못 가게 말리거나 불안하고 무서워 가지 못한 길이 또 얼마나 많을까? 생각해 보면 내가 걸어온 길은 어느 사람도 가 본 적 없는 나만의 길인 것이다. 도종환 시인은 〈가지 않을 수 없던 길〉이란 시에서 가지 않을 수 있는 고난의 길은 없으며 어떤 길은 발 디디고 싶지 않았고, 길이 내 앞에 운명처럼 파여 있는 길이라면 발등을 찍고 싶을 때도 있지만 그 길들을 거쳐 지금 내 속에 나를 이루고 있다고 하였다. 그렇다. 가고 싶은 길, 평탄한 길만 걷는 인생이 얼마나 되겠으며 있기나 한 것일까? 예수님이 걸었던 골고다의 언덕, 가시밭길이 지금 우리의 영혼에 영생을 누리는 빛이 되었듯이 고통 없는 길은 무의미한 것인지도 모른다.

  살아오면서 꽉 막힌 길 때문에 고민하며 밤을 지새운 날들도 많았다. 그중에는 고등학교 3학년 시절 부모님이 먼 시골로 이사 가는 바람에 통학이 어려워 당장 시내에서 지낼 곳이 마땅치 않은 때가 있었다. 다행히 나의 처지를 아는 선생님이 다른 학교 동료 교사에게 부탁하여 그 집 아들 가정교사로 들어가 숙식을 해결하도록 배려해 주었다. 연년생인 중학교 1, 2학년 형제였는데 동생이 덩치도 크고 공부도 잘하여 부모님의 사랑을 독차지했지만, 형은 신경질적이고 공부도 잘하지 못하는 얼치기였다. 아버지 말은 무서워서인지 잘 듣는데 엄마 말에는 반항하였으며 수시로 동생에게 화를 내고 물건을 던지는 못된 버릇을 가진 아이였다.

  어떡해서든지 잘 지내려고 나름, 인내심을 가지고 어르고 달래 가며 공부하도록 유도하였으나 수틀리는 날에는 나도 안중에 없었다. 소리를 지르고 그냥 나가 버리는데 내가 감당할 범위를 벗어나 있었다. 심리 상담을 해 줄 능력도 없고 교수법도 모르면서 가르치기도 벅찬데 도무지 길이 보이지 않았다. 더 힘들었던 때는 시험을 보았는데 동생은 성적이 많이 올라가서 칭찬을 들었으나 형은 오히려 더 떨어져 부모님 뵙기도 난감하였다. 그렇게 밥 먹는 것마저 가시방석인 날들을 보냈지만, 돈이 없어 하숙할 수 없는 처지인 나 스스로 해결 방법을 찾을 길이 없었다.

어느 날인가 이런 사정을 친구들한테 이야기하며 고민을 털어놓았는데 한 친구 아버님이 데리고 오라고 하여 그 친구의 방에서 같이 지내게 되었다. 시골 가난한 집안에서 혼자 사범학교를 나와 초등 교장이 되신 친구의 아버님은

"예전 내가 공부할 때도 자네 같은 시절이 있었어. 사이좋게 편하게 지내."

라며 반갑게 맞아 주셨다. 그때는 몰랐지만 지금 생각하니 그 친구의 어머님은 무슨 죄가 있었단 말인가? 쥐꼬리만 한 봉급에 남편 도시락을 싸서 새벽에 보내고 나면 친구 누나, 친구와 나까지 매일 네 개의 도시락을 준비하여야 하는 수고로움이 반복되었다. 세탁기가 없던 시절 내 속옷과 양말도 함께 비비면서 어떤 생각을 하셨을까? 낯이 두껍고 철이 없었기에 그나마 견딜 수 있었을 것이다. 그 시절 유일한 돌파구가 되어 주신 친구 부모님의 은혜는 잊지 않았으나 생전에 제대로 찾아뵙지도 못하였다.

고등학교 때 쓴 일기장을 보다가 그 시절을 회상하니 외줄을 타면서 언덕길을 오르고 있었던 나를 발견하고 아찔한 생각이 들었다. 막다른 골목에서 길을 열어 나를 이끌어 주신 친구 부모님과 친구가 아니었다면 나는 어디에서 헤매고 있었을까? 그렇게 아슬아슬한 길을 지나 장교가 되었고 정상적인 궤도에 진입해 앞으로 나갈 수 있었다.

우리 인생은 물처럼 물길을 따라 한없이 흐른다. 그 길 위에 세월을 따라가면서 변화했고 늙고 조금은 현명해지기도 한다. 그러나 내가 가야 할 길을 모르거나 잊은 채 이 사회가, 조직이 요구하는 대로 이리저리 흔들리며 흘러 지금까지 온 것이다. 게다가 자연의 순리대로 아래로 흘러야 하는데 위로만 오르려고 용을 쓰며 억세게 살아오기도 했다. 앞으로 얼마나 더 흘러 레테의 강을 건널지는 모르겠으나 더 덧댈 곳이 없는 상태로 쓸데없는 것들을 비우며 살아야겠다.

 인생길 위에서 나를 보니 나름 잘 살았다고 자부한다. 어린 시절 가난과 군 생활하면서 부딪쳤던 어려움을 용케 헤쳐 나왔으니 말이다. '인간은 스스로 극복해야 하는 어떤 것이다.'라는 격언이 새삼 떠오른다.

아버지를 기리며

 아버지는 산이요 바위이다. 부모님은 돌아가시고 나면 못 해 드린 것만 생각나서 가슴을 응어리지게 한다. 지금 아버지는 산속에 어머니와 함께 계신다. 영혼을 하나님께 맡긴 채로.

 아버지에 대한 가장 오래된 기억은 리어카에 연탄을 싣고 비탈길을 오르며 힘겨워하시던 모습이다. 내가 예닐곱 살 때쯤이다. 연탄공장을 하실 때인데 구공탄을 찍어 배달하시던 얼굴을 보면 눈 속 흰자위 외에는 검은 탄가루로 화장을 하곤 했었다. 그 공장이 문을 닫자 우리 식구는 충주로 이사했다.

 남의 집 허름한 방 한 칸을 빌려 다섯 식구가 몸 비비며 살다가 아버지는 집을 짓기 시작했다. 황토를 볏짚에 개고 돌과 벽돌을 이용하여 벽체를 세웠다. 산에서 구한 나무로 서까래를 올리고 이엉을 엮어 지붕을 얹고 새끼와 짚 더미로 용마루도 손수 만들어 올렸다. 납작한 돌을 구해 구들을 놓고 아궁이에 불을 지폈다. 문짝을 구해 달고 창호지를 바르고 얼추 집 모양이 된 다음 방 두 칸짜리 새집으로 이사를 했다. 형과 함께 편편한 돌을 구하러 냇가를 돌아다녔던 기억과 짚이 지붕으로 변하는 모습을 신기한 듯 바라보았던 그것 외에는 기억에서 사라진 오래된 일이다. 그렇게 고등학교 1학년 때까지 그 외딴집에서 살았다.

당시 대부분 집은 장유유서(長幼有序)를 따라 아버지가 숟가락을 들어야 밥을 먹을 수 있었고 가장 귀한 것은 아버지 상에만 놓거나 잡곡밥에도 아버지에게만 쌀이 더 많게 밥을 펐다. 그런데 아버지는 새벽에 밭에 나가 우리 형제가 도시락을 들고 학교에 갈 때까지 일하시다가 들어오곤 하셨다. 맛있는 것이 생기면 항상 우리 형제 몫이 있는데 지금 젊은 부모들이 하는 자식 우선을 실천하셨던 것 같다.

저녁을 물리고 나면 《명심보감》에 나오는 글귀를 읊으며 착함과 효행, 젊은 시절 힘써 공부할 것 등을 말씀해 주셨다. 가을걷이가 얼추 끝나면 강원도로 산판을 하러 가셨다. 정선이나 평창 등지에서 아름드리나무에 줄을 매어 산 아래로 나르고 나무를 베는 힘든 일을 하시고 두세 달 만에 집에 오셨다. 아마 그해 농사지을 농자금을 마련하러 가신 듯하다. 어느 해는 단지를 하나 들고 오셨는데 고욤나무 열매가 한가득 숙성되어 들어 있었고, 홍시보다 더 달고 맛있었다. 식구들 먹이려고 강원도부터 가지고 오신 것이다.

아버지와는 띠동갑이다. 그러니 나를 서른여섯에 낳으신 것이다.

둘 다 닭띠인데 아버지의 생신은 음력 삼월 열사흘이다. 가난하여 자식을 고생시킨다는 미안함을 가끔 표현하셨는데 그때마다 나오는 말이 춘삼월 닭띠 이야기였다. 새싹이 아직 돋지 않은 황량한 초봄엔 어디를 뒤적거려도 먹을 게 없는 형국이라는 것이다. 양식도 겨우내 파먹고 나면 간당간당할 시기이고 농촌에서 돈 나올 구석이랑은 눈 씻고 찾아봐도 없는 때이다. 대략 양력으로는 사월 초순인데 T. S. 엘리엇의 《황무지》에 나오는 〈4월은 잔인한 달〉을 처음 읽었을 때 빈곤과 배고픔, 없음 등이 먼저 연상되었을 정도로 힘든 계절이었다.

고등학교 2학년 봄의 일이다. 나는 학교 가까운 곳에 방을 구해 다니고 있었고, 시내에서 꽤 떨어진 곳으로 이사한 아버지는 남의 과수원지기를 하며 한창 가지치기 등으로 바쁜 나날을 보내고 계셨다. 그날따라 전국 학력평가에 대비한 야간 자율학습을 한 후 꽤 시간이 늦었으나 다음 날이 아버지 생신이기에 집에 가기로 했다.

연초부터 아껴 두었던 용돈을 다 꺼내니 소고기 한 근 끊고 조금 남았다. 어차피 버스가 안 다니는 시간이라 십 리 정도를 걸어야 했다. 내딛는 첫걸음부터 보름을 향해 부풀어 오른 달이 앞길을 훤히 비춰 주었다. 뿌듯한 마음으로 집에 도착하니 집 안은 한밤중인 듯 다들 잠이 들어 있었다. 그 시절엔 전기 아낀다고 저녁상 물리면 잠자리에 드는 것이 보통이었을 때였다. 내가 왔음을 알리니 불이 켜

지고 책가방에서 소고기를 꺼내는 순간 어머니의 환한 표정이 방 안을 감싸고 돌았다. 맨 미역만 준비할 수밖에 없었을 아낙의 미안함이 안도의 숨으로 바뀐 것이다. 급히 부엌으로 나가신 어머니는 육수를 내고 나서 방에 들어왔다. 다음 날 일찍 소고기미역국으로 아침을 먹고 학교에 갔다. 점심시간에 도시락을 여는 순간 쌀밥에 소고기 조림이 들어 있는 게 아닌가? 어머니는 고마움을 그렇게 전하고 싶으셨나 보다.

아버지는 소위로 임관하는 졸업식에 참석하여서는 자식 덕에 나라님도 보았다고 대견해하셨다. 초등군사반 교육을 받으러 광주로 내려가기 전에 집에 들렀다. 시내에서 아버지를 만나 모처럼 술을 대접하겠다고 고깃집을 찾는데 굳이 자신의 단골집으로 가자고 하셨다. 시장 골목에 자리한 난전에 연탄불로 고기를 굽는 곳이었다. 주먹고기인지 뭉텅 고기인지 하는 돼지고기 한 접시가 나왔는데 보통은 구워 먹지 않는 부위인 듯했다. 질긴 듯도 하고 맛도 별로인 고기를 안주 삼아 소주를 맛있게 드시고 집으로 향했다. 그러면서 연신 싸고 영양가가 많다고 헛자랑을 하셨다. 그때, 우겨서라도 제대로 된 음식점에 모시고 가 대접 못 해 드린 후회가 지금도 남아 있다.

한참을 지나 아버지 연세가 드시고 치아가 부실할 때쯤 나도 철이 들기 시작했다. 어쩌다 집에 가는 날에는 아예 회와 부드러운 안주를 사고 술은 오래 사시라고 백세주를 준비하여 가곤 했다. 식당에 가면 자식 돈 쓰는 것이 아까워서 맘껏 못 드시니 차선의 방법을 택한 것이다. 그러나 전쟁이 난 것도 아닌데 군인은 왜 그리 매일 바빠야 했는지. 나 아니면 부대가 돌아가지 않을 듯이 자리를 비우지도 못하는 날들이 부지기수였다. 그러니 일 년 가야 찾아뵌 날이 손에 꼽을 정도였다. 본인은 아까워 쉽게 사 드시지 못했을, 그래서 자식이 오기만을 기다리셨을 당시를 생각하면 가슴이 먹먹해진다.

　세월은 기다려 주지 않는다. 지나간 날들은 다시 오지 않는다. 뻔한 진리인데도 내게는 비껴갈 줄 알았다. 산이고 바위인 아버지도 어느 순간 어린아이가 된 듯 집에 들를 때마다 언제 또 올 것이냐고 되물으시곤 했다. 그리고 자식 고생 안 시키시려고 삼 일을 병석에 누워 계시다가 하늘나라로 가셨다. 생신을 삼 일 앞둔 음력 춘삼월 열흘의 일이다.

삶이 그대를 속일지라도

⋮

 1974년도 고등학교에 입학할 당시 수업료는 9,420원이었다. 겨우 입에 풀칠하는 수준의 우리 집안에서 형과 내가 고등학교에 다녔다. 남들 눈에는 불가사의(不可思議)해 보였을 것이다.

 당시 고등학교는 입학시험을 치르던 시절인데 난 진학할 생각을 하지 않고 있었다. 뻔한 집안 형편상 학업을 포기하고 마산에 있는 수출 자유 지역으로 내려가 기술을 배우고 돈을 벌어 집안에 보탬이 되려고 했다. 그곳엔 이모부가 계셔서 숙식이 해결되고 한창 외국의 선진 기술과 자본이 유입되던 곳이라 유망한 길이라 생각했다. 1970년 초부터 착공하여 1974년도에 기반 조성이 다 되어 취업도 쉽게 된다고 했다.

 그랬는데 검정고시를 치르게 했던 선생님이 집에 찾아와서 어떻게든 고등학교에 보내기만 하면 입학금을 책임지고 수업료도 해결이 가능할 거라고 아버지를 설득했다. 아버지는 술이 얼큰하게 취해 들어오신 상태였는데 눈물을 글썽이며 자식 공부 안 시키려는 부모가 어디 있겠느냐고 하시면서 '그러마.'라고 하셨다. 그리하여 입학 시험을 치렀지만, 그전에 이미 시행한 체력검정은 보지 못했다. 당시 입학시험 만점이 200점이었는데 남들보다 체력검정 점수 20점을 손해 본 채 시험을 볼 수밖에 없었다.

고등학교에 입학하니, 우수한 학생을 모아 놓은 반에 들어가지 못하고 일반 반에 편성되었다. 중학교 친구나 아는 사람이 아무도 없었는데 첫 시험에서 전교 이등을 하고 다음 시험에서 수석을 하였다. 취업하고 나면 고등학교 자격 검정고시를 보리라 마음먹었던 나는 형의 고등학교 교과서를 독학으로 일부 선행학습했었던 게 도움이 되었다. '자고 일어나니 유명해졌다.'라는 바이런 시인의 말처럼 어느 순간 나도 그랬다. 선생님들의 격려와 상담이 이어졌고 나의 처지와 상황이 다 알려지게 되었다. 동급생들 사이에서도 도우려는 친구들이 생겨났다.

통학 거리가 멀어 고생하는 것과 시내에 하숙이나 자취조차 할 수 없는 집안 사정을 아는 학생과장 선생님은 지인을 통해 나의 숙식을 해결해 주었다. 중학교 1학년을 둔 여관집에 가정교사로 들어간 것인데 말이 가정교사이지 돈 받지 않고 하숙을 할 수 있도록 배려한 것이다. 일하는 아주머니가 아들처럼 챙겨 주었는데 본인의 자식들도 외지에서 고생한다며 생선 한 토막이라도 더 주려고 하셨다. 세상은 보기보다 따뜻했다. 나를 도와주시는 선생님과 독지가분이 여럿 계셨고 친구들도 많은 도움과 위로가 되었다.

  그 집에서 기억에 남는 일은 등교하면서 마주치는 골목에서의 여학생이었다. 담벼락을 연하여 이어진 좁은 길에서 일주일에 한두 번 보았는데 숫기가 없던 나는 눈을 내리깔고 비켜 지나가곤 했다. 어느 날 보니 나보다 한 학년 위의 누나뻘이었는데 내려 피한 시선에 하얀 칼라와 그 아래의 언덕이 눈에 들어오면 숨이 멎을 것 같았다. 그러나 한 번도 말을 걸어 보지 못하고 반년 가까이 같은 상황을 마주했었다.

  살다 보면 봄날만 있는 것은 아니다. 힘들고 지칠 때마다 나를 위로해 준 것은 푸시킨의 시였다.

  삶이 그대를 속일지라도
  슬퍼하거나 노하지 말아라
  설움의 날을 참고 견디면
  기쁨의 날이 오리니
  마음은 미래에 사는 것
  현재는 언제나 슬픈 것
  모든 것은 순간에 지나가고
  지나간 것은 다시 그리워지나니
        - 알렉산드르 푸시킨, <삶이 그대를 속일지라도>

연말에 버스터미널이 이전하고 나니 손님이 뚝 끊긴 여관에서 더 생활할 수 없어 그 집에서 나왔다. 십 리가 넘는 길을 통학하던 중 모 선생님이 숙식을 해결해 준다고 가정교사를 제의받아 간 집은 술을 파는 식당이었다. 초등학교 시절부터 농구선수를 한 학생인데 중학교 진학한 다음 키가 자라지 않아 공부할 수밖에 없는 아이를 맡아 가르치는 어려운 숙제를 받았다. 기초가 없으니 답답하기도 하고 또래들과 패싸움해서 징계 처분도 받아 오는 등 문제아였지만 불쌍하고 순수했다.

어느 날은 아침을 먹으러 식당에 들렀는데 그 전날 술을 너무 많이 마신 그 아이 엄마가 일어나지 않아 내가 라면을 끓여 먹여서 학교에 보낸 적도 있다. 엄마에 대한 반항심이 강하고 자신을 학대할 정도로 자꾸 엇나가는 학생을 어떻게든 붙잡아 보려고 애썼으나 내 능력을 벗어나 있었다. 두 달을 채 버티지 못하고 그 집에서 나왔다. 그곳을 소개해 준 선생님이 밉기도 하고 이해가 되지 않았다.

그러던 차에 다른 친구들이 다 하교한 다음 교무실로 오라고 하여 갔더니 수업료 이야기를 하는 것이었다. 다른 학교에서 담임선생님이 전근해 오신 후의 일이다. 나만 수업료를 안 냈는데 돈 안 내고 공부하는 것은 도둑 심보가 아니냐는 것이었다. '남들은 어려워도 수업료는 내고 학교에 다닌다. 힘들면 학교를 그만두어야 하는 거 아니냐. 네가 독학한다는데 부모님은 뭐 하시는 거냐.'라는 등 한참을 말이 안 되는 훈시를 듣고 나왔다. 교문 앞까지 복받치는 감정을 추스르지 못하고 내려와 얼굴을 문지르고 눈가를 닦은 다음 아무렇지도 않은 듯이 걸었다. 텅 빈 운동장과 매일 걷던 하굣길이 그렇게 쓸쓸해 보일 수 없었다.

 어려운 일은 꼬리를 물고 따라온다고 했던가? 그해 봄 상황이 그랬다. 지원을 약속했던 선배분들이 하나둘 다른 지역으로 떠나가면서 기댈 곳이 집밖에 없었다. 학교도 꽤 먼 통학을 계속할 수밖에 없었고 심신이 지쳐 갔다. 그 시절 읊조린 시가 〈삶이 그대를 속일지라도〉였다. 슬픈 날을 참고 견디면 즐거운 날이 오게 되고 누구나 미래를 바라보며 희망을 품게 된다는 시구가 나를 위로하였다. 또한, 시간이 지나고 나면 모든 게 사라지지만 그것이 기쁨이든, 슬픔이든 그리움이 된다는 말은 큰 위안이 되었다. '하늘이 무너져도 솟아날 구멍이 있다.'라는 속담과 같이 한의사 한 분이 장학금을 방송국에 맡기었고 그 수혜자로 내가 선정되어 숨통이 트였었다.

 돌이켜 보면 푸시킨의 시가 나를 여기까지 오게 하는 데 일조했다고 생각한다. 살다 보니 희로애락이 섞이는 중에 좌절과 행복이 함께 오지, 나쁜 일만 계속되지는 않았다. 벼랑 끝에도 항상 길은 있었고 그렇게 인생이 흘러 여기까지 온 것이다. 인생의 후반부에 아득한 기억을 더듬어 과거를 돌아보면, 아름답지 않은 추억은 없고 다 소중하게 나를 키워 준 경험이었다.

외로움이란 감정

늦가을은 외롭고 쓸쓸한 계절이라고들 한다. 추수 끝나 횅한 들판과 나뭇잎 떨어진 앙상한 가지에 스산한 바람이 지나가며 추위를 몰고 오니 느끼는 감정일 것이다. 외로움이란 어떤 것일까?

외로움은 인간이 숙명적으로 마주치는 감정이라 한다. 태를 끊고 나온 아기는 그때부터 혼자인 채로 평생을 살아가기 때문이다. 이 세상 고해(苦海)를 헤쳐 나가는 가운데 부모나 배우자, 친구를 위시한 여러 사람이 도움을 주면서 사는 것이지 실제는 언제나 혼자이다. 내가 좋아하는 정호승 시인의 〈수선화에게〉에는 하나님조차 외로움에서 벗어나지 못한다고 말하고 있다.

울지 마라.
외로우니까 사람이다.
살아간다는 것은 외로움을 견디는 일이다.
…

가끔은 하느님도 외로워서 눈물을 흘리신다.
...

- 정호승, <수선화에게> 中

외로움이 홀로되어 쓸쓸한 마음이나 느낌이라면 항상 외로워야 하는가? 인간이 혼자인 존재임을 깨닫는 순간 외로움은 사라져야 하는데 누구나 외롭다고 느끼며 살고 있다. 심하면 정신적으로 상당히 고통받고 심혈관계질환에 노출될 위험이 커지며 극심한 무기력증과 우울감, 중독성 물질에 노출된다고 한다. 자신의 존재가치를 의심하며 소외감을 느끼고 우울증으로도 발전된다고 한다.

외로움이 자기 스스로 홀로 딛고 일어서지 못하는 나약한 심리상태와 연결되어 있음이다. 이를 이겨 내려고 우리는 대인관계를 유지하며 말이 통하는 사람들과 자주 만나 시간을 보내거나 재미를 찾아 영화관과 오락실에도 가고 여행도 떠난다. 누군가는 반려동물을 키우고 누군가는 걷거나 뛰며 땀을 흘린다. 명상하며 외로움 속에 깊숙이 빠져 그 자체를 즐기는 이들도 있다. 한편, 개중에는 사귈 사람이 없거나 사귐에 실패하여 좌절을 맛보며 더 심한 외로움을 느끼기도 한다.

물론 상황적 외로움도 있다. 실향민들이 느끼는 고향 잃은 외로움, 사랑하는 사람과 헤어지며 잃은 슬픔에서 느끼는 외로움, 외딴곳에 홀로 있는 경우, 직장을 잃거나 퇴직으로 조직에서 이탈 후의 외로움 등이다. 기질적으로 외로움을 많이 느끼는 사람도 있다. 주변에 사람이 없으면 불안해하고 혼자 있는 시간을 버거워하는 이들이다. 항상 누구를 만나거나 무슨 일을 해야 편안해하는데 요사이는 인터넷이나 휴대전화가 그 자리를 대신하기도 한다.

나는 성격상 스트레스를 덜 받고 외로움도 잘 못 느끼는 편이다. 나라고 상황적 외로움에 처하지 않았겠는가? 어릴 때 외딴집에서 친구 없이 지내는 경우가 많았고 멀리 있는 길을 통학하느라 혼자 자주 걸었으며 경제적으로 넉넉하지 못하여 친구들과 그 흔한 제과점 한 번 들른 적이 없다. 그러나 나는 친구들과 어울려 놀 시간에 책을 읽었고 혼자 학교 오가는 길에서도 주변 자연을 벗 삼아 재미있게 다녔으며 대인관계에도 크게 신경 쓰지 않고 살았다. 임관 후에는 부대 내에서 훈련과 업무가 쉴 틈 없이 몰아쳤고 항상 사람들과 지냈으니 외롭다고 해도 외로움을 느낄 시간이 없었을 것이다.

외로움과 고독을 혼동하는 경우가 많은데 외로움이 혼자 있는 고통이라면 고독은 혼자 있는 즐거움이라 하겠다. 스님이나 신부님같이 혼자임을 즐기는 분들은 고독을 사랑하는 습성이 몸에 배 있는 이들이다. 인간의 행복은 얼마나 홀로 잘 견딜 수 있는가에 달려 있다고도 하는데, 그분들은 행복한 분들이고 그렇기에 그 행복을 나누어 주는 분들이다. 고독은 자아를 발견하고 인생의 의미를 깨닫게 해 줄 뿐만 아니라 자기 생각을 깊이 있게 탐구할 수 있게 하여 자신을 더 발전시키고 성찰하게 하며 창의력을 계발시킨다. 스티브 잡스는 하루에 다섯 시간 동안 홀로 있으며 참선과 고독을 즐겼다고 한다.

군 지휘관도 혼자 있는 시간이 많은 고독한 사람들이다. 아무리 부대 내에 사람이 많다고 해도 자기를 대신하여 결심해 줄 사람은 없으며 지휘관 집무실에 들어오기를 꺼리는 이들과 함께 산다. 관사에 가도 혼자 지내는 시간이 많고 무엇을 해도 심기를 살피는 이들만 있지, 허심탄회하게 자기를 보듬어 줄 이가 조직 내에는 없는 것이다. 영화 〈명량〉에서 이순신 장군 역으로 분장한 최민식 배우가 몇 마디 대사 없이 표정으로 장수의 고독함을 그려 내는 장면들은 그래서 압권이었다. 평시에 부대 지휘도 고독함을 많이 겪는데 삶과 죽음, 국가의 안위가 오락가락하는 전시에는 오죽하랴.

나는 군에서 숙달된 덕분에 고독을 즐기는 수준이 되었고 외로움은 쉽게 극복하고 느끼지 못하는 성격이 되었다. 내가 이 산골에 집을 지어 들어왔을 때 찾아온 지인 중에는 외로워서 어떻게 사느냐고 걱정하는 이들도 있었다. 마을에서 상당히 떨어져 있어 음식도 배달되지 않는 곳이기 때문이다. 그러나 이미 군에서 내공이 쌓여서인지 조용하고 여유로울 뿐 외롭지는 않았다. 도시에서, 아파트에서, 군중 속에서 혼자 외로움을 곱씹으며 사는 이들이 얼마나 많은가?

외롭다고 느끼면 외로운 것이다. 그러나 외로움이 나를 돌아보는 시간이고 나를 찾는 소중한 감정이라면 자신에게 주는 상이라 생각하고 이를 즐기는 방법을 찾아야 하지 않을까? 나는 자연을 벗 삼아 텃밭 가꾸고 책 읽고 여행 다니고 친구들과 동료들과 교제하며 운동하는 등 즐거운 삶을 살면서 인생의 의미를 찾고 삶의 가치를 누리려 한다. 외로움이 찾아온다면 그 역시 즐겁게 맞이하며 받아들일 것이다. 태어나면서 혼자인 인간은 어차피 죽을 때에도 혼자 가야 하기 때문이다.

오대산과 나

　거기에 산이 있으므로 산에 간다고 했던가? 우리 조상 대대로 살아왔고 어릴 때도 일가친척이 산기슭을 연하여 살았던 관계로 어릴 때부터 오대산에 자주 갔었다.

　오대산은 1975년 국립공원으로 지정되었는데 진부면 오대산 지구, 철천리 방아다리 지구, 대관령면의 병대리 지구, 횡계리 황병산 지구, 홍천군 내면 지구, 강릉시 청학동 계곡의 소금강 지구를 아우르고 있다. 크게는 오대산 지구와 소금강 지구로 나누기도 한다. 면적으로 따지면 여의도의 백 배쯤 되는 흙산으로 내륙의 어머니 품 같은 부드러움이 묻어나는 산이다.

　처음 오대산 아래에 있는 아버지의 고향을 찾은 것은 초등학교 4학년 말이다. 형이 중학교 진학한다고 인사하러 갔다. 아버지를 따라 한 번 다녀온 적이 있는 형과 함께 충주에서 기차를 타고 완행버스를 타고, 또 걸으며 진종일 걸려 큰댁에 도착했다. 지역 내에서 가장 봄이 빨리 찾아온다는 춘두목(春頭牧)이라는 동네였다. 귀한 손님이라고 쌀이 섞인 옥수수밥을 내주었는데 알갱이가 목에 걸려 넘기기 힘들어 애먹었다.

다음 날,
"충주에서 오신 아저씨들 식사하러 오시래요."
하는 어린아이의 목소리에
"오냐."
하며 문을 열었더니 나보다 한 뼘은 더 큰 조카가 멋쩍게 서 있었다. 볼이 화끈하게 달아오르는 창피함을 느꼈으나 이미 내뱉은 말이었다. 한참을 걸어 둘째 큰댁에 갔다. 그 동네에 두 집만 살고 아랫마을에 친척 몇이 더 살았으며 고모들은 진부와 봉평 등 가까운 마을로 시집가서 산다고 했다.

육사 입학 후 인사차 한번 들른 후 생도 1학년 겨울 휴가 때 다시 그곳을 찾았다. 알렉스 헤일리의 소설 《뿌리》를 읽었던 바로 다음이어서 나의 뿌리를 찾는 여행을 계획했었다. 큰댁에서 주소와 전화번호를 알아내어 진부, 유천, 봉평 등지에 사는 친척 집을 방문하여 처음 만나는 사촌 형제들과 조카들을 마주하였다. 친하게 말을 섞기 시작한 나보다 한 살 많은 고종사촌 형이 월정사를 데리고 가서 경내를 구경시켜 주기도 했다. 젊은 스님을 만나 마가목 차를 대접받고 설법을 들었으나 다 잊었는데 스님 방에 있던 영어 테이프와 작은 녹음기, 영어 원서가 기억에 남는다. 간 날이 동짓날이라 팥죽을 얻어먹고 눈 쌓인 산길을 한참을 걸어 내려왔다.

  생도 3학년 여름휴가 때는 등산복을 입고 들렀다. 구월 초순, 추석을 앞둔 시기여서 마침 할아버지 산소에 벌초하러 갔었다. 큰집 사촌 형, 고종사촌 형과 맑은 계곡물을 따라가다가 능선을 가파르게 올라 두 시간 넘게 걸어 황병산 팔 부 능선쯤에 있는 산소에 다다랐다. 가는 중간에 떨어진 돌배를 주워 자루에 담기도 하고 묵은 밭에 키만큼 자란 풀을 쳐내어 길도 만들었다. 명당이라고 하여 그 높은 곳에 산소를 마련했고 맑은 날은 동해까지 보인다고도 했지만, 너무 높고 힘해서 오르기 힘들었으며 심지어 멧돼지가 파헤친 흔적도 있었다. 지금은 강릉 평지로 이장을 했지만, 어른들이 조상을 모시는 정성이 대단함을 느꼈다.

  그다음 날 사촌 형이 제안하여 오대산 자락에 있는 장군 바위산과 장군바위를 올라가기로 했다. 그런데 형이 급한 일로 서울에 다녀온다고 하여 나 혼자 등산을 떠났다. 네 시간이 채 안 걸린다기에 점심을 먹고 오르기 시작하여 비탈진 밭 아래에 말랑하게 익은 다래를 따 먹으며 가르쳐 준 길을 따라 올라갔다. 한참을 오르니 평평한 분지 형태의 지형이 나와서 형이 일러 준 '백일평'에 도달하여 잘 왔다고 생각하는 순간 비가 한 방울씩 떨어지더니 갑자기 안개가 자욱이 몰려와 앞뒤를 분간하기 어려웠다. 길이 나 있지 않은 산속 능선을 따라 난 옛 오솔길을 어림잡아 방향을 잡고 올라왔던 터라 왔던 길도 찾을 수 없었다.

 더 가기엔 무리인 듯하여 하산을 결정하고 기억을 더듬어 아래로 향하였는데 어느 순간 계곡으로 난 소로길에 접어들었다. 내가 온 길은 능선길이었는데 잘못 들어선 것은 알았으나 다른 방법이 없어 계속 내려왔다. 큰길과 마주한 외딴집에는 벌써 호롱불이 켜져 있었다. 상황을 설명하고 가는 길을 물으니 다행히 사촌 형을 아는 이라서 친절하게 가르쳐 주었는데 신작로 길을 이십 리쯤 돌아가야 한다고 하였다. 지금과 다르게 등산로와 이정표가 전혀 없었던 시절에 웅장한 큰 산을 얕잡아 본 내가 바보스러웠다. 언젠가 장군 진급 심사에 떨어지고 나서 '그때 장군바위를 못 오른 게 운명이었나?' 하는 괜한 생각을 한 적이 있다.

 나도 바쁘게 살았고 친척들도 살던 곳에 국립 종축장이 들어서는 바람에 대부분 외지로 이사하여 왕래가 없었던 오대산을 다시 찾은 것은 전역 후 월정사 템플스테이를 혼자 신청하여 간 때이다. 담배를 끊을 요량으로 큰맘 먹고 찾아간 그곳은 사십 년 세월에도 옛 모습 그대로 간직한 채 나를 반갑게 맞이해 주었다. 능행 스님이 쓴 《숨》을 한 권 다 읽으며 삶과 죽음을 생각하다 보니 어느새 날이 밝아 왔다. 이른 아침 공양을 마치고 선재길을 따라 상원사 입구까지 다녀오니 얼추 오전이 지나갔다. 맑은 물소리와 들려오는 새소리를 친구삼아 무릉선경(武陵仙境)을 산책하니 저절로 마음이 정화됨을 느꼈다. 몇 년 후에는 친구 넷이서 다시 템플스테이를 하였다. 월정사 입구의 전나무 숲길을 걸으며 쓰러진 고목과 아름드리나무에서 세월의 무게도 느끼고 친구끼리 지나온 추억을 더듬었다. 누군가가 간직하고 있던 기억에 가물가물한 사진을 보며 풋풋했던 학창 시절을 그려 내기도 했다.

몇 년 전 아내의 제자가 소금강 국립공원에 근무한다고 하여 추수 지도를 할 겸 그곳을 등산한 적이 있다. 그때 처음 소금강이 오대산 국립공원에 포함되어 있고 진고개를 넘어 노인봉과 비로봉으로 연결되어 있음도 알았다. 무릉계곡 첫 구비부터 절경이 펼쳐지고 십자소와 명경대, 여러 폭포를 품고 있는 소금강은 이름값을 톡톡히 하고 있었다.

올해는 꼭 오대산 비로봉을 오르자고 원주에 사는 후배와 약속하였다. 더 나이 들기 전에 산 정상을 한 번이라도 밟아 보기로 한 것이다. 우리 조상님 삶의 터전이었고 아버지가 태어난 곳으로 나의 뿌리 같은 산을 오를 기대에 잔뜩 부풀어 있다.

남애항

 남애항에는 아련한 추억들이 오징어 말리듯 꿰어 펼쳐져 있다. 유독 그곳에 자주 간 이유는 우연과 인연이 겹쳐서 일 것이다.

 남애항은 강릉 심곡항, 삼척 초곡항과 더불어 강원도 3대 미항(美港) 중 하나로 양양군에서 가장 큰 항구이다. 산과 바다가 함께 어우러져 언덕배기를 내려가 바닷가에 이르는 산이 바다를 푸근하게 감싸 안은 모습을 한 곳이다. 이곳은 영화 〈고래사냥〉 마지막 장면이 촬영된 곳이기도 하다. 방파제 끝에 있는 빨간 등대는 크지는 않지만 오랜 세월 어부들의 길잡이가 되어 주고 늘어선 횟집 끝자락엔 바위들이 옹기종기 모여 있다. 넓은 해수욕장도 품고 갯바위 사이로 쏟아지는 파도의 포말이 참 정겹다. 요사이는 동해시 추암 촛대바위와 더불어 일출을 아름답게 볼 수 있는 곳으로 명성을 얻는다고 한다.

 남애항에 처음 간 것은 내가 사관학교에 합격했다고 큰댁에 인사 갔을 때이다. 사촌 형님은 겁도 없이 오토바이 뒤에 나를 태우고 대관령 옛길을 달려 해안선을 따라 바다 구경을 시켜 주었다. 비포장도로에다 까맣게 내려다보이는 절벽 사이로 구불구불하게 난 길을 곡예 하듯 내달렸다. 그해 배추가 풍년이 들어 몇 차를 서울로 보낸 형님의 전대가 두둑하다고 했다. 파도가 찰랑거리는 바다를 보며 회를 푸짐하게 차려 먹은 점심은 처음이었다. 내가 자란 고장이 바다가 없는 곳이기에 생선이라고는 염장 고등어와 꽁치를 먹은 게 전부였으니까. 회 맛은 기억이 희미한데 오징어를 채 썰어 밥에 비벼 먹었던 입안의 부드러운 감촉은 생생하다.

몇 년이 흘러 내가 사창리 이기자 부대에서 연대 인사장교를 할 때이다. 동해안 지역의 적 침투에 대비하여 부대를 창설하기 위한 병력 차출이 있었다. 건제 2개 소대를 트럭 3대에 태우고 내가 책임자로 선정되어 양양과 강릉 중간쯤의 어딘가로 지도에 표시된 부대에 병력을 인계하였다. 당시는 대부분 비포장도로에다가 안전한 병력 수송을 위해 거북이 속도로 이동했기 때문에 아침에 출발한 우리는 오후 늦게 도착하였다. 숙영을 위해 텐트를 치고 저녁 준비를 해야 했다. 부대에도 돈이 귀한 시절이라 쌀과 부식, 등산용 버너와 고체연료를 가지고 반합을 이용한 야전 취사를 하도록 계획되어 있었다.

언제인가 한번 와 본 듯한 눈에 익은 해안 풍경에 주변을 살피니 남애항 뒤편 언덕에 숙영 준비를 하고 있음을 알았다. 주머니를 뒤져 본 후 어쩌면 회를 맛보여 줄 수 있겠다 싶어 바닷가 횟집을 찾았다. 사정을 이야기하고 돈에 맞게 회를 떠 줄 수 있느냐고 했더니 자기 아들도 군에서 복무 중이라며 흔쾌히 들어오란다. 여섯의 장정이 푸짐하게 먹을 수 있는 양의 회가 나왔는데 주인이 하는 말이 비싼 생선은 못 썰고 양을 맞추기 위해 쥐치 위주로 내었단다. 약간 검은 빛이 감도는 생선이 쥐치였다. 지금은 담백한 맛에 없어서 못 먹는 귀한 대접을 받지만, 당시만 해도 천대를 받았던 횟감이었다. 점심을 주먹밥과 건빵으로 때우고 왔던 터라 게 눈 감추듯 사라졌다. 매운탕은 말 그대로 산처럼 쌓여 나왔는데도 먹성 좋은 병사들은 국물 하나 남기지 않고 해치웠다.

다음 날 아침에 일어나서 다시 야전 취사를 하려니 귀찮은 생각이 들어 꾀를 내었다. 마을에 내려가 부지런하게 일어나신 아주머니를 만나 흥정을 하였다. 그날 점심 분량까지 세 끼분의 쌀과 부식을 드릴 테니 아침을 차려 줄 수 있느냐고 했더니 '그러마.'라고 했다. 쌀이 귀하던 시절이라 서로 이문이 남는 교환이 되었을 것이다. 생선구이에 푸짐한 아침 밥상을 받고 나서 귀대를 재촉하였다. 중간에 점심은 자장면으로 대치하고 힘들었지만 즐거운 여행을 한 기분이었다.

그로부터 십 년쯤 지난 어느 여름 첫째 딸과 아이를 맡아 키워 주시는 장인 장모님과 남애항을 들렀다. 전에는 보이지 않았던 긴 건물에 번호와 상호가 함께 있는 횟집들이 늘어서 있었고, 어판장도 현대식 건물로 바뀌어 있었다. 아이는 갯바위에 내려가 게와 따개비와 놀며 재미있어했고 어른들은 회덮밥을 맛있게 먹었다. 이후 속초 지나 있는 청간정 콘도에 가서 즐거운 한때를 보내고 오는 날에도 남애항에 다시 들러 바닷가를 거닐다가 회 정식을 시켜 먹고 왔다.

군단 참모 시절엔 아예 동해안에서 근무하는 행운을 얻었다. 해안을 따라 지형정찰을 하면서 그곳에 들러 지나온 추억들을 더듬으며 해안을 걷고 어부들을 만나 애환을 들었다. 휴일에 식구들이 오면 항구에 들러 놀아 주곤 했는데 아이가 셋으로 늘어 제각각 관심이 달랐다. 대학에 입학한 큰아이는 먼 수평선을 바라보며 사색에 잠겼고 도시 생활에 찌든 머리를 식히는 듯했다. 막내는 어릴 때 언니가 그랬듯이 바위틈에 기어 다니는 게를 쫓으며 찰랑대는 바닷물에 발을 담가 장난을 쳤고 둘째는 그런 동생을 돌보고 있었다.

우리 부부는 딸들을 흐뭇하게 바라보며 신혼여행차 급하게 왔던 동해안을 떠올렸다. 휴가가 며칠밖에 주어지지 않았고 해외여행은 언감생심(焉敢生心)이던 시절에 그나마 여유가 있는 부부는 제주도를 갔다. 그러나 우리는 경포대와 설악산에서 이틀을 보냈다. 택시를 하루 빌려 운전사가 가자는 곳에서 내려 사진을 찍고 또 가고를 반복하며 필름 두 통 안에 여행하러 온 흔적을 남겼었다. 폭포와 눈과 바위 등 사진 배경이 멋있게 나오는 곳으로 이리저리 끌려다녔던 기억밖에 없다.

최근에 남애항은 방파제 옆으로 스카이워크 전망대를 설치하여 통유리 바닥으로 보면 아래쪽 바다와 바위를 훤히 볼 수 있게 해 놓았다. 동해안 해파랑길을 따라가다 보면 매호라는 석호를 지나고 해변을 연해 데크로 이어진 길이 편하게 산책할 수 있도록 정비되어 있다. 남애항은 클린 국가 어항으로 지정되어 앞으로 바다 조망 공원과 어린이 물놀이 체험장, 각종 낡은 시설 정비가 계획되어 있다고 한다.

 나는 이제 몇 년 후에 막내가 결혼한 다음 세 딸과 사위가 함께 와서 완전체의 가족여행을 꿈꾸고 있다. 그때는 더 항구가 아름답고 의미 있는 곳으로 변해 있을 것이다. 이렇게 세월을 더듬어 머무르는 곳, 남애항은 앞으로도 내가 사랑하는 항구로 그곳에 있을 것이다.

미안한 친구

 수안보에는 예쁜 성당이 있다. 붉은 벽돌로 지은 오래된 성당이다. 언덕 위에 있어 온천 지역뿐 아니라 월악산까지 훤히 바라볼 수 있다. 어느 가을 고등학교 3학년 두 명의 학생이 간절히 기도했던 곳이다.

 현충일만 되면 문득 보고 싶어지는 미안한 고교 동창 친구가 있다. 항상 내 마음속에 살아 있는 친구이다. 그와는 육군사관학교 시험을 함께 치렀다. 그 친구 형은 육사를 졸업하고 전방에서 중대장을 하고 있던 때였다. 축구와 수영을 잘하고 바둑도 높은 수준인 그는 이미 형을 따라 육사에 진학하리라고 오래전부터 꿈을 품었다. 가정 형편상 사관학교에 가는 게 좋겠다는 선생님의 권유를 받은 나와는 비교가 되지 않았다. 1차 합격자 발표가 있던 날 둘 다 명단에 없다는 통보를 받았다. 교복을 입은 채 그의 손에 이끌리어 찾았던 곳이 수안보 성당이었다. 나는 믿을 수 없는 결과와 나의 실력을 의심했지만, 그는 꿈을 접어야 하는 미련으로 괴로워했다. 가톨릭 신자인 친구는 오랫동안 기도와 묵상을 했다.

일주일 후쯤 내 합격통지서와 2차 준비사항에 대한 안내문이 도착했다. 선생님이 구두로 '충고' 수험번호를 불러 달라고 했는데 청주병무청에서는 '충주고'를 '충북고'로 착각하고 답변한 웃지 못할 촌극이었다. 이후 그 친구가 면접과 체력측정 준비 방법을 형에게 물어 일러주었고 오래달리기 연습할 때도 함께 뛰었다. 그렇게 나는 육사에 입학하였고 그는 국립대에 진학하였다. 학군장교가 되었고 장기 복무를 지원하여 군 생활을 계속한다는 이야기를 들었지만 만나지는 못했다.

십여 년의 세월이 흐른 다음 육군대학에 가서야 그를 볼 수 있었다. 나를 생각하며 열심히 근무한 결과 부대에서 혼자 정규 육군대학에 합격했다고 전했다. 아내와 아들 둘을 둔 어엿한 가장이며 늠름한 장교가 되어 나타나니 예전 미안했던 마음이 한결 가벼워졌다. 일 년을 같이 지내며 이런저런 추억을 쌓았던 우리는 전방으로 배치를 받았다. 둘 다 작전 분야에 근무했던 터라 바쁘고 또 바쁘며 미친 듯이 바쁜 날들을 보냈다. 어느 날 특공연대 작전 과장으로 정신없이 보내던 그가 폐암으로 입원했다는 소식이 들렸다. 담배도 피우지 않았고 건강에는 자신했으니 곧 괜찮아지리라 여겼는데 상식이 없는 생각이었다. 암은 젊고 활기찬 몸에서 더 빨리 퍼진다는 사실을 모르고 한 잘못된 기대였다.

설날을 하루 앞둔 저녁 동창에게서 연락이 왔다. 인접 군부대 전화로 걸려 온 감도 낮은 목소리엔 슬픔이 묻어 있었다. 그가 영면에 들었다는 소식이었다. 당연히 올 수 있겠거니 하고 어렵게 알렸을 텐데 나는 가지 않았다. 지휘관 비서를 할 때인데 설을 맞아 세배 손님맞이, 윷놀이와 음식 장만 등을 총괄해야 했기 때문이다. 지금 생각하면 남에게 맡기고 친구 장례식에 참석하는 것이 도리였는데 왜 그 생각을 못 하고 지금까지 미안해하며 사는지 모르겠다. 새해 첫날 친구 죽음을 알린다는 것은 다들 명절 분위기에 들떠 있는데 찬물을 끼얹는 듯하여 차마 말도 못 꺼냈다. 밤늦게 차를 몰아 다녀올 수도 있을 텐데 당시엔 개인 차량이 없기도 했다.

지내 놓고 나서 많은 후회를 했고 자책도 했다. 친구 장례식에 가서 그가 가는 먼 길을 배웅했어야 했다. 그보다 더 중요한 일은 없었다. 지금 바로 하지 않으면 아무런 의미가 없다. 내가 아니더라도 대신할 수 있는 일 때문에 꼭 있어야 할 자리에 가지 않았다는 회한은 오래도록 나를 괴롭혔다. 아마 지금이라면 당연히 친구를 찾았을 것이다. 젊어 철이 덜 들고 인생을 풋사과처럼 느끼던 시절의 행동이었다. 언제나 가까이 있을 때는 소중함을 느끼지 못하고 잃어버린 뒤에야 깨닫고 뉘우친다. 그땐 죽음이 먼 남의 이야기처럼 들렸더랬다.

전역을 앞둔 어느 날 대전현충원에 잠들어 있는 그의 묘지를 찾았다. 누군가가 다녀간 듯한 시든 꽃다발이 놓인 자리에 국화 한 송이를 놓고 무심한 친구를 용서해 달라고 기도했다. 주변에 함께 묻힌 군 전우들과 평화롭게 잘 있다는 소리가 들리는 듯했다. 정말 편해 보였다. 내가 아니면 안 될 듯이 쉬지 않고 일해 온 군 생활이 허망하게도 느껴졌다. 무엇을 위해 달려온 인생인가? 나는 지금 어디쯤 서 있는 걸까? 친구가 다하지 못한 군 생활을 마무리하면서 나는 너의 기대만큼 충실히 살았는가? 말이 없는 그 앞에서 무수한 의문을 던지며 돌아섰다.

올해 현충일을 맞아 먼저 고인이 된 동기생들 묘지를 찾는 날 보고픈 마음이 더욱 간절했다. 내가 하늘나라에 갔을 때 다시 미안했다고 용서를 구해야 할 것 같다. 그래도 그곳에서 밉지만 반갑다고 맞이해 줄 그가 있음에 한결 마음이 편해지긴 했다.

삶은 끝남이 있기에 소중하다. 인생에 의미를 부여하는 것은 죽음이다. 삶의 끝에서야 비로소 죽음이 없다면 어쩔 뻔하였는지 깨닫게 된다고 한다. 어느 호스피스 병동 간호사는 환자들에게 후회하는 삶에 관해 물었다. 자신이 원했던 삶보다 남을 위해 살아오고 남을 의식해서 살아온 것을 후회한다고 답했다. 일을 너무 열심히 쉬지 않고 하면서 잃어버린 시간도 아쉬워했다. 많은 이가 친구와 연락을 끊을 걸 아파했다고 한다.

기다림이 있기에 인생은 살 만하다. 얼마 지나지 않아 만날 것이다. 그때는 더 이상 후회 없도록 남은 삶을 지혜롭게 살다가 그를 보러 떠날 것이다. 죽음은 삶을 비추는 거울이다. 잘 살아야 잘 죽지 않을까?

Ⅳ

노블레스 오블리주(noblesse oblige)

노블레스 오블리주(noblesse oblige)
화악산에서
중대장의 아내
대대 창설 일화
군 체육대회 추억
유엔 평화유지군
자등령을 넘어
군대 축구 이야기
가평을 지나며
잃어버린 도서관
두더지의 일상

노블레스 오블리주(noblesse oblige)

누렇게 빛바랜 책 한 권을 찾았다. 6.25 전쟁 정전협정에 서명했던 마크 클라크 장군이 쓴 회고록《다뉴브강에서 압록강까지》였다. 그 책에는 한국전 당시 142명의 미군 장성 아들이 참전했고 그중 35명이 전사, 실종, 부상을 했다는 증언이 쓰여 있다.

노블레스 오블리주는 높은 신분에 따르는 정신적, 도덕적 의무를 칭하는 프랑스 말이다. 노블레스는 닭의 볏, 오블리주는 달걀의 노른자라는 의미인데 이 두 단어의 합성어인 노블레스 오블리주는 닭의 사명이 벼슬을 자랑함에 있지 않고 알을 낳는 데 있다는 뜻이다. 이는 지도층이 도덕적 의무를 다하라는 것으로 사회로부터 정당한 대접을 받기 위해서는 자신이 누리는 명예(노블레스)만큼 의무(오블리주)를 다해야 한다는 것이다. 로마 시대 초창기부터 일부 왕이나 귀족들이 보여 준 솔선수범과 투철한 도덕적 행위가 계승되어 서구 사회에 자리 잡은 신념이다.

영국 왕실의 왕위 계승서열 5위인 해리 왕자가 아프가니스탄 전장에 두 번 참전했다가 탈레반이 집중적으로 공격을 가해 와 철수한 사례가 있다. 그의 할머니인 엘리자베스 2세 여왕도 1차 세계대전 시 보급부대 하사로 참전했었다. 총리를 25명 배출한 영국 명문 이튼스쿨 졸업생 중 1, 2차 세계대전에 참전하여 전사한 인원이 2천여 명에 이른다. 이튼스쿨 본관을 오르내리는 계단 양쪽에는 이들 전사자 명단이 일일이 새겨져 있어 후배들에게 본보기가 되고 있다. 영국 왕실은 물론 영국 상류사회 지도층이 노블레스 오블리주를 실천한 사례라 하겠다.

6.25 전쟁 시 마지막 유엔군 사령관이었던 마크 클라크 장군의 아들 마크 빌 클라크 소령도 김화지구 전투에서 심하게 다친 후 본국으로 송환되어 전역했으나 후유증으로 사망하였다. 이 사실을 언론에 공개하지 않았던 클라크 장군은 미국의 어느 어머니로부터 한 통의 편지를 받았다. "사령관이기 때문에 아들을 본국으로 송환하는 특혜를 누린 것은 아닌지? 내 아들은 전사 후 시신도 찾지 못했다."라는 내용이었다. 그는 할 수 없이 상황을 설명하는 답장을 보내야만 했다.

1952년 12월 한국을 찾은 아이젠하워 대통령 당선인은 2차 세계대전 영웅답게 전선을 누비며 전황을 살폈다. 그리고 미 8군 사령부에서 밴 플리트 사령관에게 전선 브리핑을 듣고 마지막에
"장군! 내 아들 존은 지금 어디에 있습니까?"

Ⅳ. 노블레스 오블리주(noblesse oblige)

라고 질문하였다. 아이젠하워 외아들도 한국전에 참전하고 있었기 때문이었다.

"존 소령은 제3사단 대대장으로 현재 중부 최전선에서 근무하고 있습니다."

라고 하자, 아이젠하워는 아들을 후방으로 빼 달라고 요청했다. 아들이 폭격기를 타고 적진 깊숙한 곳에서 행방불명된 밴 플리트가 듣기에는 매우 거북한 부탁이었다.

"장군! 내 아들이 전사한다면 나는 가문의 명예로 받아들이겠습니다. 하지만 포로가 된다면 적들은 대통령의 아들을 놓고 미국과 흥정을 하려 들 것이고 차후 작전에 막대한 차질을 빚을 것입니다."

아이젠하워의 말을 들은 밴 플리트 장군은 미소를 지으며 바로 수긍을 하였다.

1950년 7월 낙동강까지 밀린 절체절명의 시기에 미 8군 사령관으로 부임한 월턴 워커 장군은 일명 '워커 라인'을 사수하여 인천상륙작전을 성공시키는 데 보루 역할을 다했다.

"자리를 지키거나 죽어라(Stand or die)."

그는 전장에서 뒤에 물러선 적이 없는 용맹한 군인이었다. 수시로 철모를 쓰고 최전선을 시찰하고 정찰기를 타고 적진 코앞까지 가서 전황을 살폈다.

"우리가 더는 퇴각할 곳이 없다. 우리는 함께 싸울 것이다. 만약 우리 중 일부가 반드시 죽어야 한다면 우리는 모두 함께 싸우다 죽을 것이다. 우리는 승리할 것이다."

그가 전 부대에 하달한 명령서 일부이다.

인천상륙작전이 성공하고 진격하던 유엔군은 중공군의 개입으로 어려움을 겪었다. 1950년 크리스마스를 이틀 앞둔 날 의정부 전선 시찰을 가던 중 워커 사령관이 불의의 교통사고로 사망한 안타까운 일이 발생하였다. 당시 그의 아들은 미 24사단 중대장으로 근무하고 있었다. 유엔군 사령관이던 맥아더 장군이 직접 지시하여 아버지 유해와 함께 본국에 가라고 하였으나, 아들 샘 워커 대위는

"장군님! 저는 돌아가지 않겠습니다. 아직 전쟁 중이고 부대원들이 목숨을 걸고 싸우고 있습니다. 저 혼자만 돌아갈 수 없습니다."

라고 거절하였다. 그러나 맥아더 장군은,

"이건 명령이다. 아버지의 장례식에 아들이 있어야 한다."

라고 하여 결국 샘 워커는 알링턴 국립묘지 안장식에 참석하였다. 이후에도 끝까지 한국에 다시 돌아가기를 간청했으나 독자이고 유일한 생존자이기 때문에 거절당했다.

이승만 대통령은 지금의 아차산 일대를 워커힐(Walker Hill)로 명명하였다. 박정희 대통령은 외국 손님이나 미군 휴양처로 지은 건물을 워커힐 호텔로 불러 지금에 이르고 있다. 워커힐 호텔 본관 정문 산자락에 세워진 비문에는 '오늘 우리가 장군을 특별히 추모하는 것은 한국전쟁 초기 유엔군의 전면 철수를 주장했던 미국 조야의 지

배적인 분위기 속에서 유독 장군만이 홀로 한반도 고수를 주장하여 전쟁을 승리로 이끌었을 뿐만 아니라 한반도의 공산화를 방지하여 우리의 오늘을 가능케 한 그 공덕을 잊을 수 없기 때문입니다.'라고 새겨져 있다. 이후 베트남전에 참전하여 전공을 세운 샘 워커는 미군 최연소 4성 장군이 되었다. 대를 잇고 정신을 잇고 마음을 이어간 아들의 몫을 다한 결과일 것이다.

반면, 대한민국의 장성이나 고위급 자제, 부자 중에 아들이 전장에 나가 죽은 이가 얼마나 될까? 당시 한국군 장군들은 나이가 30대여서 징집될 아들이 없긴 했다. 내가 찾은 유일 사례는 친일 인명사전에 등록된 신태영 국방부 장관의 막내아들이며 신응균 포병 사령관 동생인 신박균 상병일 것이다. 형이 포병사령부에 근무하도록 권유하였으나 최전방 포병대대에 자원하여 장렬히 전사하였다.

전장에만 노블레스 오블리주가 적용되는 것은 아니다. 사회를 위하여 공헌하고 기부하며 희생과 어려움을 함께하고자 하는 세상 모든 곳에 살아 있는 신념이다. 한국 사회에도 혜택을 받은 이상으로 상위층부터 솔선수범하여 숭고한 희생정신과 도덕적 의무가 살아 숨 쉬기를 기대해 본다.

화악산에서

첫 번째는 항상 새롭다. 첫사랑, 첫 키스, 첫 여행지 등은 평생 남는다. 사창리는 임관 후 소대장을 시작한 나의 첫 부임지였다.

제1야전군으로 배치받은 장교들은 청량리역에 모였다. 새벽이었음에도 여자 친구와 부모님들이 나와 배웅하는 틈에서 지금의 아내도 나를 떠나보내는 아쉬움에 손을 흔들었다. 춘천역에서 각 사단으로 뿔뿔이 흩어진 후 북한강과 용담계곡을 따라 구불구불한 비포장도로를 한참 달려 도착한 곳에 화악산이 웅장한 자태를 뽐내고 있었다. 높이 1,468m. 경기도에서는 가장 높은 산이다. 북위 38° 선의 바로 남쪽에 주봉이 위치하여 6.25 전쟁 당시의 격전지로도 유명하다.

광덕산과 화악산, 두류산 등으로 둘러싸인 사창리는 하늘이 손바닥만 하게 보이는 오지였는데 군인들을 주 고객으로 사람 사는 냄새가 물씬 풍기는, 당시에는 나름 흥청대는 동네였다. 다방도 몇 개 있고 아가씨가 상주하는 술집도 서너 군데 있었다. 아직 군 아파트가 지어지지 않았던 터라 시골집 허름한 방 한 칸에 세 들어 사는 선배

중에는 혼수 장롱이 들어가지 않아 비닐을 씌워 바깥에 보관하는 이도 있었다. 그래도 후배들을 가끔 초청하여 집밥을 먹이는 정이 있는 곳이었다.

　내가 근무한 부대는 고개 하나를 넘어야 사창리에 갈 수 있었다. 하루는 택시를 타고 지나가는데 한 장교가 양동이를 들고 걸어가기에 태웠다. 명문대를 나온 학군장교 친구였는데 소대원들이 짜장면이 먹고 싶다고 하여 사러 간다고 꽤 먼 길을 걸어가고 있었다. 갈 때는 걸어가고 올 때는 불어 터지는 것을 막으려고 택시를 탄다고 했다. 봉급날에는 소대원들이 먹고 싶은 통닭이나 짜장면, 순대 등으로 회식을 시켜 준다는 것이다. 항간에 사관학교 출신 소대장보다는 학군 출신 소대장을 더 좋아한다는 말이 허언이 아님을 알 것 같았다. 원칙대로 훈련하고 재미라곤 없는 사관학교 출신 소대장은 당연히 인기가 없었다. 그날 이후 나도 깨달은 바가 있어 진정으로 부하를 위하는 소대장이 되려고 노력했었다.

　유격과 대대, 중대 전술훈련 평가와 측정 등으로 바쁜 가을을 보내고 사단장 배 스케이트 시합을 마치니 어느 정도 여유가 있겠다고 생각했는데 화악터널 취약지 상주 훈련을 한 달간 가게 되었다. 가평에서 사창리에 이르는 고개에 터널을 뚫어 전시에 대비한 전술 도로를 확보함과 동시에 북쪽의 오성산에서 대성산, 광덕산을 거쳐 화악산에 이르는 적 침투로를 차단하기 위해 소대 규모로 상주하면서 경계근무를 서는 작전이었다.

　눈이 무릎 이상 쌓였고 온통 얼었으나 막사 옆 작은 옹달샘에서 간신히 식수를 얻을 수 있었다. 허드렛물은 눈을 녹이거나 터널 천정에 붙어 있는 고드름을 깨서 마대에 담아 운반한 후 녹여 사용하였다. 일주일에 두 번 추진되는 부식을 받으러 분대장을 포함하여 네 명씩 촛대바위 아래로 내려갔다가 올라오면 족히 세 시간이 넘게 걸렸다. 불침번과 터널 입구 근무를 제외하면 할 일이라고는 밥해 먹고 물 확보하고 페치카 불 안 꺼트리는 게 다였다. 오전에 잠을 자고 나면 오후부터 야간 취침 전까지 지루하기 이를 데 없는 시간이 지나갔다. 천 고지가 넘는 한겨울 추위는 살을 에었고 바람은 천둥을 연상시키듯 불어 대었다. 눈이 오는 날은 제설 작업을 하고 목욕 대신 더운물을 수건에 묻혀 서로 닦아 주면서 지냈다.

　교육 훈련이나 운동을 할 수 있는 여건이 못 되었다. 그렇다고 그 지루하고 권태로운 시간을 무의미하게 흘려보낼 수 없어 부식차 편에 기타와 가요 책을 가져오게 하였다. 다행히 기타를 잘 치고 노래를 잘 부르는 병장이 있어 그를 교관 삼아 한 번에 두 곡씩 가사를 베끼고 외우게 하였고 노래를 배우게 한 다음 한 명씩 테스트하였는데 나도 못하지만 노래 못하는 음치가 태반은 되었다. 당시 유행하던 노래는 〈단발머리〉, 〈긴 머리 소녀〉, 〈돌아와요 부산항에〉, 〈한잔의 추억〉 등이었는데 며칠 시간을 주고 개인별 발표하는 날은 배꼽을 잡고 웃을 수밖에 없었다.

　중학교를 졸업하고 입대한 이들도 많아 가사를 못 외우는 것은 이해하겠는데 돼지 멱따는 소리에 음정, 박자가 안 맞는 노래는 그야말로 코미디였다. 그렇다고 혼낼 상황은 아니라서 개인별로 조교를 정하여 집중 지도를 하였다. 어쨌든 목표는 자신 있게 부를 수 있는, 소위 십팔번 노래를 두 곡 이상씩 숙달하는 것이었는데 다들 열심히 재미를 붙여 스스로 닦달하였다. 그러니 근무지에서는 속으로, 다닐 때는 흥얼거리며 즐거워했다. 게다가 분대별 지정곡을 선정하여 경연하면서 포상 휴가 한 장을 걸었더니 다들 모여서 화음 맞추느라 야단법석이었고 지루할 틈이 사라졌었다.

　노래 배우기도 익숙하고 또 싫증 날 때쯤 터널 앞 공터를 이용하여 축국(蹴鞠)을 하였다. 공간이 좁아 축구공을 차면 산 아래까지 내려가니 새끼를 꼬아 만든 공으로 신라 화랑들의 놀이였던 축국으로 대신한 것이다. 눈이 무릎 가까이 쌓인 곳에서 새끼로 만든 공을 차니 전방으로 나가지는 않고 서로 얽히고설켜 한 무더기를 이루다가 다시 풀려 상대방 골대 쪽으로 몰고 가는데 오랜 다툼이 있었고 상당한 체력이 요구되었다. 그래도 승패는 났고 서로 시시덕대며 재미있어하여 자주 하려고 하였으나 다음 날 보니 밟아 대었던 눈이 녹아 빙판으로 변해 안전상 눈이 오는 날을 기다리는 수밖에 없었다. 진 팀은 터널 안에 고드름을 가져와서 더운물을 만든 다음 이긴 팀원들에게 온수 마찰을 시켜 주는 벌칙을 주었더니 서로 깔깔대며 정이 돈돈해지는 것을 느꼈다.

 막사 외에는 눈과 강풍, 추위로 바깥에도 나갈 수 없었던, 그래서 자칫 심심하고 지루했을 화악산에서의 겨울을 나름 재미있게 보내고 내려왔다. 그 추억을 간직하고 있을 이름도 다 잊은 소대원들이 그리워진다.

중대장의 아내

⋮

　만난 지 넷째 해 크리스마스 날 결혼식을 올렸다. 여러 고비를 넘어 다다른 축제의 날임에도 불구하고 신랑은 부대에서 실무를 맡은 연말 지휘관 회의가 걱정되었던 고지식한 군인이었다.

　서로 마음이 통했던 우리는 결혼 계획을 기안하여 양가 집안에 통보하였다. 일방적인 우리만의 호기로운, 아주 검소하고 창의적(?)인 계획이었다. 스무날 후쯤 광주로 고등군사반 교육 입교를 해야 했으니 우선 집이 필요 없었고 잦은 이사를 핑계로 혼수를 장만하지 않아도 되었다. TV는 대화와 공부에 방해된다며 사지 않았고 예물도 있는 그대로를 활용하기로 했다. 아내의 모교 국문학 교수님이 애써 장만해 주신 세종대왕기념관에서 결혼식을 올린 다음 가까운 경포대와 설악산으로 신혼여행을 다녀왔다.

　그리고 나서부터 아내의 고행이 시작되었다. 새댁은 일주일 치 반찬과 먹거리를 싸 들고 광주행 고속버스에 몸을 실었다. 토요일 오전 수업을 하고 오래 버스를 타고 와서 파김치가 되었을 텐데도 서

방님을 위한 만찬을 차려 주고 밀린 빨래를 했다. 고등군사반 성적이 앞으로 군 생활에 많은 영향을 끼친다는 말을 들었던 터라 허투루 시간 낭비하지 말라고 자기가 주말마다 내려왔다. 그러나 동기 대부분이 미혼인 데다 술을 좋아하는 이들이 나를 가만히 놔두지 않았다. 하루가 멀다고 전방 산골짜기에서 굶주린 이리처럼, 화려한 금남로의 네온사인 사이를 누비며 남도의 요리에 곁들여 술판을 벌였다. 그런 철없는 남편을 아랑곳하지 않고 새댁은 뒷바라지에 정성을 다하였다.

  교육을 마치고 사창리에 있는 이기자부대 중대장으로 취임하였다. 그사이 경기도에서 부대와 가장 가까운 포천의 이동면으로 학교를 옮긴 아내는 마침 방학 때라 장인, 장모님과 작은 트럭을 빌려 이사를 하였다. 다행은 그해 처음으로 군인 아파트가 지어져 입주한 것이다. 아파트가 일반적이지 않았던 시절이기에 이사하던 날 집이 참 좋다며 장모님이 흡족해하셨다. 다음 이사할 것에 대비하여 아내가 쓰던 가벼운 장롱을 그대로 가져왔고 그릇이 좀 늘었으나 살림은 단출했다. 신혼 이불은 있어야 한다며 장모님이 우겨 솜이불이 더 생겼을 뿐이었다. 서로의 대화를 방해한다며 뿌리쳤던 텔레비전은 훈련 등으로 내가 집을 비우는 시간이 많아짐에 따라 얼마 후 장만하였다.

  아내는 방학이 끝나자 광덕고개, 일명 캐러멜 고개를 넘어 출퇴근이 시작되었다. 당시 비포장도로였던 그 길은 6.25 전쟁 시 미군 장교가 험하고 구불구불한 고개를 넘는 운전병에게 졸지 말라고 캐러멜을 한 통씩 먹였다는 일화가 있는 곳이다. 지그재그가 심한 구간은 버스가 한 번에 틀지를 못하고 선 다음 후진했다가 올라가기도 했다. 구곡주(九曲珠)를 통과하기 위해 개미허리에 실을 꿰어 지나가게 했다는 고사가 생각날 정도로 굴곡과 비탈이 심했다. 새벽에 일어나 남편 밥을 해 먹여 출근시킨 다음 자신의 도시락을 싸서 버스를 타고 학교에 도착하는 힘든 날들이 계속되었다.

중대장의 아내는 다양한 일로 부대와 연결되어 내조라는 이름을 달고 참여하였다. 단결 활동 명목하에 부부 동반 회식도 잦고 체육대회에는 군인 가족 경기종목도 있었는데 아내는 겨울 스케이트 시합에서 선수로 발탁되어 연습 때부터 참여해야 했다. 팀스피릿 훈련이나 연대 전투단훈련 시에는 군악대가 정문에서 연주하는 사이 행군으로 복귀하는 부대원을 환영하는 대열에 함께하기 위해 새벽부터 도열하고 있다가 꽃다발을 걸어 주고 급히 되돌아 출근하는 어려움을 겪기도 했다.

소대장들뿐 아니라 부모님이 한 번도 면회 안 온 어려운 병사들까지 좁은 아파트에 초대하여 집밥을 먹이기도 했다. 설에는 떡국을 끓여 병사들을 위로했고 추석엔 송편 빚기 대회 심사하러 내무반에 들렀다. 휴일 교회에서 만나는 병사들에게 따뜻한 차와 간식을 나누어 주며 큰누나같이 보듬기도 했다. 일주일 이상 야외훈련이나 진지 공사 등으로 부대를 떠나기 전에는 어김없이 밑반찬을 새벽까지 만들어 들려 보냈다. 소고기 장조림과 겉절이김치, 볶음고추장 등이었는데 그 시절 부대 식단이 부실했던 일면을 잘 보완해 주었다.

걸핏하면 독수공방이었다. 전화가 집에 없던 시절인지라 갑작스럽게 야간 훈련이나 야근, 회식 등이 생겨 늦게 들어가면 다 식은 저녁을 식탁보로 씌워 놓고 기다리고 있었다. '미안하다.' 말이 인색한 남편은 덤덤하게 변명하곤 했었다. 당직근무야 당연하고, 야간 훈련이 늦으면 부대에서 퇴근을 못 하고 잠을 잤다. 일이 주 야외훈련은 한두 달에 한 번꼴이었다. 심지어 전시에 대비하여 방어진지를 만들고 보강하는 공사는 한 달 동안 산속에 나가 있었다. 아파트에서 건너다보면 뒷산 중턱에 묘가 보였고 다용도실에 나갈 때는 어김없이 마주친다고 했다. 기댈 곳이라곤 없는 산골에 새댁 혼자 보내는 외로움과 무서움을 온몸으로 마주하였다.

그해 겨울 혹한기 훈련을 나가기 얼마 전이었다. 아내가 결혼 일주년 기념 선물을 산다며 서울을 나간다고 했다. 남대문 시장에서 사지 못한 것을 물어물어 동두천까지 가서 구해 왔다. 상상도 하지 못한 오리털 미군 침낭이었다. 침낭이란 말이 있는지도 모르는 생소한 단어였고 군에 보급되기 한참 전이었다. 훈련 시에 병사들은 몇 명씩 체온을 나누며 지내는 데 비해 중대장은 혼자 찬 바닥에 모포

두 장으로 극한의 추위를 견뎌 내야 했다. 자고 일어나면 천막 지붕에 성애가 두껍게 덮였고, 불도 피울 수 없는 참기 힘든 고통을 내심 걱정했는데 상급 지휘관도 갖고 있지 못한 미군용 침낭이 생기니 빨리 훈련하고 싶어졌다. 지금 생각해도 어떻게 그런 묘수를 떠올렸는지 아내의 현명함에 그저 감사할 따름이었다. 덕분에 따듯하고 축복받은 혹한기 훈련을 마칠 수 있었다.

 지내 놓고 보니 참 힘들고 어려운 신혼 시절이었지만 나름 행복했고 아름다운 추억으로 남는다. 나만 그런지 모르겠다. 아내는 너무 힘들어 다시 돌아가고 싶지 않을지도 모르겠으나 인생의 전쟁터를 용감하게 누볐었다. 이 시간에도 전방 외딴집에서 온몸으로 외로움과 마주하며 헌신하고 내조하는 중대장들의 아내에게 무한한 위로와 감사를 표한다.

대대 창설 일화

대대장 시절, 무(無)에서 유(有)를 만드는 과정을 겪었다. 처음 부임한 대대는 부대계획에 의해 해체되었다. 그리고 사단사령부의 기동타격대 격인 대대를 창설하는 임무를 부여받은 것이다.

보병사단에는 수색대대가 책임 지역 최전방에서 눈 역할을 하고 특수임무를 수행하고 있는데 이와 유사한 형태의 부대 임무를 띠고 향토사단에 기동대대가 창설되었다. 이를 위해 여러 부대가 해체와 통합이 되어 내가 근무하던 대대의 본부와 해안에서 건제 일개 중대를 모체로 창설이 이루어졌다.

참모를 비롯한 간부들을 여러 명 충원을 받았는데 여기서부터 문제가 발생하기 시작했다. 원소속 부대 지휘관의 이기심에 의해 골칫거리라고 생각되었던 간부를 보내왔다. 상급자와 자주 다투는 부사관, 병사들 앞에서 밀을 너듬는 장교, 술을 많이 마시고 출근하지 않아 징계받은 장교 등이었다. 한 장교는 현실에 앞서 자신이 생각하는 옳은 방향으로 이상을 추구하다가 다른 간부와 의견 충돌을 자주 일으켜 남들이 싫어하는 경우였다. 명색이 지휘관의 오른팔이라고 하는 부대를 창설하는데 선후배를 막론하고 자신들 이익만 따져 '너무하다.'라는 생각이 들었으나 적재적소에 배치하여 장점을 최대한 살리고자 하였다.

 현실은 항상 냉정한 편이다. 새로 작전계획과 전투 세부 시행규칙, 각자의 임무 수행 카드를 작성해야 했으나 모방할 표준이 없었다. 게다가 창설에 대비하여 공을 들여 데리고 온 후배 작전 장교를 사단에서 전투 검열이 있으니 파견하라고 하였다. '벼룩의 간을 내먹지.' 하는 심정이었으나 직속상관이 쓰겠다는데 막을 재간이 없었다. '이 없으면 잇몸으로 산다.'라는 말대로 중대장 한 명을 데리고 작업을 진행하였다. 작전 분야가 내 전문이니 대충 초안을 잡아 주면 그가 행정 정리를 하는 식으로 업무를 진행하였다. 그러니 낮에는 여기저기 돌아다니며 협조하고 지원을 요청하며 지내다가 밤에는 작전계획 수립 등 행정업무에 날 새는 줄도 몰랐다.

 가장 큰 난관은 특공무술이었다. 특전사에서 잔뼈가 굵은 사단장이 창설식에서 개인의 능력 발휘는 물론 지역행사에도 참여할 정도의 수준으로 시범을 보이라는 임무가 떨어졌다. 해안에서 경계근무만 하다가 온, 태권도나 무도에 문외한인 병사와 간부를 어떻게 한 달 열흘 만에 숙달시킨단 말인가? 고민하면서 끙끙 앓고 있는데 해안에서 건제 병력을 데려온 후배 중대장이

"대대장님! 걱정하지 마십시오. 제가 한번 해 보겠습니다."

라고 안심을 시켰다. 천군만마를 얻은 기분으로 고마워서 적극적으로 지원할 테니 최선을 다하라고 격려하였다.

그 시각부터 한여름 뙤약볕 아래 땀으로 범벅이 된 맨몸으로 기본동작과 발차기, 낙법 등 수련이 시작되었다. 며칠이 지나자 간부부터 병사들까지 등이 허물을 벗듯 부풀기 시작하더니 아픔을 호소했다. 햇볕에 노출되어 화상을 입은 것이다. 의무대에서 바셀린과 화상연고를 지원받고 일반 약국에서 필요한 약을 사다가 조치를 하였다. 시간이 지나니 아예 검은 등에 윤이 반짝반짝 나면서 흑인처럼 변해 갔다. 그사이 특전사 동기에게 부탁하여 교관을 파견받아 지도받으며 시범 시나리오를 완성하였다. 유도대를 나오고 합기도 관장을 하는 민간인을 모셔다가 낙법도 가르치고 유도 매트도 지원받았다. 그사이 하루에도 몇 명씩 어깨와 허리를 다치거나 발을 접질리고 손가락이 삐는 등 여기저기 부상자가 발생하였다. 의무대뿐 아니라 시내 한의원에서 치료하였으나 금방 낫지 않았다. 다행히 그 관장이 뼈를 맞추는 경락 활법에 정통하여 내무반에 눕혀 놓고 관절을 맞춰 주었다. 여기저기서 비명이 들렸으나 금방 괜찮아지는 발목과 허리 등을 보며 신기해하기도 하였다.

드디어 창설식 시장에서 특공무술 시범을 보이는데 지휘관뿐 아니라 임석한 모든 참모가 놀라며 극찬을 함으로써 임무 수행 능력

합격을 받았다. 끝나고 나니 여기저기서 울음소리가 들렸고 서로를 껴안으며 그동안의 노고를 위로하였다. 마치 올림픽에서 이기고 난 후 부둥켜안고 감격해하는 듯한 모습이었다.

그렇게 한고비가 지나고 나서도 여기저기서 사단이 발생하였다. 먼저 식당이 문제였는데 그동안 취사 관련 교육도 보내고 다른 식당에 가서 견학과 조언을 구하는 등 나름 준비하였으나 수백 명의 식사 준비가 처음인 데다가 익숙하지 않은 음식 솜씨는 간이 안 맞고 맛이 없는 경우가 자주 발생하였다. 하루는 국이 짜기에 담당관을 불러 강제로 다 먹이는 비인간적인 모욕도 주었고 혼도 많이 내었으나 큰 변화가 없었다. 요리책을 사 주고 주임원사부터 부사관들을 돌아가며 취사장에 상주케 하는 등으로 닦달하였다. 취사병 회식도 시켜 주고 당근과 채찍을 병행한 결과 두 달쯤 되니 우리 부대 밥이 맛있다고 소문이 나기 시작했다. 백 마디 말보다 맛있는 밥 한 끼가 병사들 사기에 미치는 영향이 더 큰 것을 알기에 지휘 관심을 기울인 결과였다.

부대를 새로 만들려면 필요한 모든 보급품과 비품 등이 세트로 갖추어져서 지원되리라던 기대는 물거품이 되었다. 다른 부대에는 당연히 있는 것이 없는 경우가 너무나 많았다. 책상, 의자, 캐비닛 등도 부족하고 심지어 총을 세워 둘 거치대가 없었다. 막사 뒤편에 사태를 방지하기 위한 시멘트와 선반을 만들 목재도 필요하였으나 공문을 결재하여 가지고 가도 없다는데 할 말이 진짜 없었다. 군 행정에 실망하면서도 '목마른 놈이 샘 판다.'라는 속담처럼 구할 방도를 찾아야 했다. 지원 부대 창고를 직접 기웃거리며 그 지휘관을 구워삶아 인간적으로 애원하다시피 하여 하나씩 해결해 나갔다.

훈련과 관련한 지침도 없어서 전부 직접 수립하였는데 이태의 《남부군》, 조정래의 《태백산맥》, 이병주의 《지리산》 등에 나오는 빨치산들의 전술을 역이용하여 그들을 소탕하는 계획을 수립하곤 하였다. 해안에서 매복하고 이어서 소부대 단위로 비바크 하면서 장거리 침투 행군을 하여 부대에 복귀하는 훈련도 하였다. 다행인 것은 작전과 훈련으로 그동안 단련된 경험치가 많은 도움이 되었다.

함께 고생하고 함께 이루어 내었던 추억이 그리워 지금도 연락하고 가끔 만나고 있다. 특공무술을 지휘했던 후배 중대장은 후에 장군 진급을 하였고 그럴 자격이 이미 검증된 장교였다. 사회에 나간 장교들도 다 잘되었다.

군 체육대회 추억

군에서 체육대회는 그야말로 전쟁이다. 부대 명예뿐 아니라 사기에 미치는 영향이 지대하기 때문이다. 지는 것을 못 견디는 군인의 속성도 한몫한다.

요즘은 군 생활 자체가 바쁘고 여유가 없어 사단 체육대회는 고사하고 연대, 대대 체육대회도 개최되는 경우가 드물다고 들었다. 그만큼 훈련 일정이 빠듯하고 계획된 일과를 준수해야 하기 때문일 것이다. 내가 임관했던 80년대 초만 하더라도 봄, 가을엔 사단, 연대 체육대회, 겨울엔 스케이트 대회가 열려 한두 달씩 준비와 연습에 박차를 가하던 시절이 있었다.

그곳에는 말도 안 되는 전설 같은 이야기도 전해졌는데 예전에 배구 심판을 잘못한다고 권총을 꺼내 공포탄을 발사했던 연대장이 있었단다. 축구장에 난입하여 심판을 이단옆차기로 쓰러뜨린 경우나 상급 지휘관 앞에서 병력을 모두 철수하였다는, 요즘 세상에는 있을 수 없는 소위 쌍팔년도(단기 4288년, 1955년) 이야기가 돌아다녔다.

과열을 넘어 지휘권에 정면으로 도전하거나 규정을 어긴 경우가 생겨나기도 했다는 말이다. 그만큼 체육대회의 우승은 그 부대의 사기와 명예를 드높이니 지휘 관심을 쏟을 수밖에 없었다. 우승하면 지휘관을 목말 태워 연병장을 돌다가 차로 이동한 다음 다시 부대 정문부터 우승기를 앞세우고 목말 태워 지휘부까지 들어오기도 했다.

중대장 취임하고 처음 맞이한 대대 체육대회에서 첫날 구기 종목과 씨름에서 모두 쓴맛을 봤다. 축구나 배구, 씨름 등에 잘하는 선수가 부족했기 때문이다. 다행히 둘째 날 봉 메고 이어달리기와 줄다리기, 계급별 계주에서 두각을 나타내어 종합 우승을 할 수 있었다. 이는 뒤이어 개최되는 연대별 사단 체육대회를 염두에 두고 선수 선발의 의미도 있는 경기들이었다. 대대 체육대회를 마치고 나는 연대의 간부 줄다리기 감독이 되었다. 우리 대대에 줄다리기 임무가 배정되었고 대대장이 나를 감독으로 임명한 것이다.

이때부터 줄다리기에 관한 본격적인 연구가 시작되었다. 줄다리기에서 가장 중요한 힘의 원리는 마찰력과 응집력이라는 생각이 들었다. 마찰력을 강화하기 위해서는 조금이라도 몸무게가 많이 나가는 선수를 체중계로 재어서 선발했고 지면과 밀착도가 높은 신발을 신도록 했다. 응집력을 키우기 위해 키 큰 순서대로, 왼손잡이와 오른손잡이 교사하도록 배열하였다. 온몸의 힘이 줄에 전달되도록 숙달시키는 연습은 1:1, 2:2, 5:5 등으로 구분하여 당기게 하면서 한 명 한 명 자세를 교정해 나갔다. 키 크신 대대장이 앞장서서 솔선수범하니 응집력이 점점 강해져 갔다. 반반씩 나누어 자주 경기하면서 이긴 팀은 쉬게 하고 다시 반으로 나누어 경기하는 등 동기부여도 병행하였다. 각 부대의 지휘관들이 위문품으로 간식도 제공하였는데 그 간식을 걸고도 내기를 하였다. 보름이 지난 다음 선수 전체와 비선수 두 배 가까운 인원이 시합했는데 끌려가지 않고 버텨 낼 수 있을 정도가 되었다.

　일상으로 하던 '영차, 영차' 하면서 끄는 전술을 변경하여 30도 각도로 일정하게 뒤로 젖혀 버텨 내는 작전도 구사하였다. 정중동(靜中動), 즉 움직이지 않지만, 끊임없이 움직이는 수 싸움이었다. 버티는 중에 단전에 힘을 모아 뒤로 끌고 오는 것이다. 시작 신호와 동시에 고함을 계속 지르며 한 치의 끊김도 없이 힘을 집중하여 상대방 기선을 제압하였다. 이렇게 열심히 노력한 결과, 체육대회 때에는 결승까지 다른 연대에 한 판도 안 지고 승리하는 짜릿한 쾌감을 맛보았다.

　이후에는 우리가 사용했던 작전을 다른 부대도 따라 하였으나 내가 있는 동안에 줄다리기만큼은 지지 않고 이겨 낼 수 있었다. 구기 종목은 변수도 많이 작용하고 어느 부대에 사회에서 전문적으로 운동한 선수가 많은가에 따라 차이가 났으나 줄다리기만큼은 노력한 결과가 그대로 적용되었다. 상대방의 공격에 저항하여 지면을 강하게 마찰하는 하체의 힘, 무너지지 않는 코어의 힘, 몸과 줄이 한 몸이 되게 하는 힘을 기르고 그 힘을 통일하여 쓸 수 있게 하는 기법은 우리 대대가 가장 잘하고 있었기 때문이다.

십수 년이 지나 창설된 기동대대의 대대장이었을 때, 사단 내 직할부대 체육대회가 있었다. 줄다리기는 이겼던 경험이 있는 종목이라 전략을 총동원하였으나 기술병과 부대에 힘 좋은 병사와 배 나오고 체중이 많이 나가는 부사관들이 버티고 있었다. 우리 대대원들은 달리기와 무도 위주로 운동하여 몸이 가벼운 이들이 많은 터라 아무리 용을 써도 끌려오지 않는데 백약이 무효였다. 총량의 무게와 힘에서 차이가 나니 작전이 먹혀들지 않았다. 끌려가는 줄을 보며 어쩔 수 없이 바라보기만 하였다.

구기 종목에는 체육관 겸 강당을 보유하고 있던 신병교육대가 우수한 조교를 선발하여 대비하고 있던 터라 배구와 농구는 적수가 되지 못하였다. 창설한 지 얼마 되지 않아 구성원에서 차이가 나니 방법이 없었다. 다행히 축구는 해 볼 만했으나 공이 둥근 변수로 다른 부대와 결승에서 졌다. 모든 종목에서 악착같이 투지를 불살랐던 결과 간신히 예선에는 이겨 올라갔으나 결승 경기에서 모두 탈락하고 말았다.

계급별 계주를 남겨 두고 총점에서 지고 있었다. 당시 사단 연병장은 모래가 많은 맨땅이었다. 그래서 스파이크 뽕이 달린 전문 단거리 선수 전용 신발을 사서 매일 연습하였으나 실제 경기에서 중대장에게 바통을 받을 때는 세 번째였다. 마지막 코너를 돌 때 한 명을 제쳤으나 결승선이 얼마 안 남았다. 그런데 앞서가던 인접 지휘관이 힘이 빠졌는지 속도가 떨어졌다. 마지막 십 미터를 남기고 추월한 후 결승선에 도달하여 쓰러졌다. 온 대대원이 달려 나와 엉켜 뒹굴며 환호했고 나를 일으켜 세워 목말을 태운 후 연병장을 도는데 세상을 다 얻은 기분이었다. 아슬아슬하게 종합 우승을 차지했다. 구경하던 사단장과 참모, 군 가족들이 다 일어났고 소름이 돋을 만큼 짜릿했다고 나중에 전해 들었다.

 이기면 지는 자가 반드시 있게 마련이다. 한순간의 승패가 항상 이어지지도 않는다. 승리하려고 노력했던 과정이 행복했고 나의 몫을 했다는 자부심만이 오래 남아 있을 뿐이다. 삭막한 군대 생활을 할 동안 체육대회를 통해서 지루함을 달래고 단결된 부대를 만들어 가는 게 바람직하다는 생각에는 지금도 변함이 없다.

유엔 평화유지군

이층 서재 진열장에 이국적인 예쁜 고둥과 소라 세 개가 놓여 있다. 동티모르 해변을 거닐다가 발견하여 몰래 가지고 온 것들이다.

1999년 9월에 유엔에서 동티모르에 평화유지군 파병이 결정되었고 우리나라도 참여하기를 바라는 공문이 국방부에 전달되었다. 약 한 달간 병력 선발, 책임 지역과 주둔지 선정을 마치고 10월 중순에 선발진, 일주일 후 본진이 도착하여 동티모르 로스팔로스에 주둔하였다. 이로써 한국군 최초로 전투 병력이 일정 지역을 책임지며 평화 정착을 위한 작전을 펼치는 역사의 한 페이지를 장식하게 된 것이다. 이를 계기로 정책부서에 해외파병을 전담하는 부서가 새로 문을 열었고 그곳에 발을 디뎠다.

동티모르는 호주 북서쪽 티모르섬의 동쪽에 있는 강원도보다 조금 작은, 인구 150만여 명이 채 안 되는 가난한 국가이다. 오랫동안 포르투갈의 식민지였다가 2차 세계대전 당시에는 일본이 2년간 점령하였다. 이어 다시 포르투갈령이 되었다가 1975년 독립을 선언

하자 인도네시아가 무력으로 침공하여 많은 사상자가 발생하였다. 1998년 유엔 주재하, 독립 찬반 투표에서 압도적인 독립을 원했던 동티모르에 인도네시아 민병대와 지지자들이 또다시 폭동과 유혈사태를 일으켰다. 이러한 비인도적 문제가 공론화되면서 평화유지군이 파병된 것이다.

실무자로서 평화유지군을 환송하고 복귀하는 날엔 어김없이 현장에 나갔다. 동티모르 상록수부대는 장관이 임석상관이 되어 6개월마다 교대되는 출정식이 열렸다. 사기충천하고 패기가 하늘을 찌를 듯했다. 이곳에는 가족들이 참석하였는데 환송식 후 어린 아들딸을 어루만지며 볼을 비비는 아빠의 모습은 애련했다. 어머니와 젊은 새댁의 눈물도 애처로웠다.

그보다 더 안타까웠던 장면은 서부 사하라에 의료지원단을 환송하는 공항에서 간호장교가 젖먹이 아기를 남편 품에서 받아 한참을 바라보며 작별하는 모습이었다. 의연하게 눈물을 꾹 눌러 참고 다시 남편 품에 돌려주며 미소 짓는 간호장교의 모습은 오랫동안 잊히지 않았다. 평소에도 야근과 당직 등으로 힘들고 어쩌면 주말부부를 했을 텐데 반년을 사막의 열기로 참기 힘든 환경에, 위험이 도사리고 있는 전장 옆으로 아내를 보내는 남편의 마음은 또 어땠을까?

웃지 못할 에피소드도 있었다. 그루지야에 정전감시단으로 파견되었던 후배 장교가 휴가를 나온 틈에 인사차 사무실에 들렀다. 반가운 마음과 이역만리에서 고생하는 그들을 위로하고자 사비를 털어 소고깃집에 데리고 가서 점심을 먹였다. 그런데 영 시큰둥한 게 아닌가? 어제 집에서 맛있는 것을 많이 먹어서 그런가 하고 물어봤더니 중앙아시아에 있는 그곳에서는 주식이 소고기란다. 하숙하는데 아침부터 뭉텅한 소고기구이가 나와 매일 먹으니 소고기만 보면 고개가 돌려진다고도 했다. 그러면서 덧붙이는 한마디! 허름한 창고를 우연히 들어가 봤더니 지뢰가 한 무더기 쌓여 있더란다. 그때야 이곳이 정부 반군과의 전투 현장임을 실감했다고 전했다.

그해 가을 특전사 장군을 단장으로 동티모르 현장 지도팀이 꾸려졌다. 호주 다윈을 거쳐 수송기를 타고 수도인 발리에 내린 다음 다시 유엔 헬기를 이용하여 상륙수부대 주둔지에 도착하였다. 헬기에서 내려다보니, 아직도 지붕이 없고 폭격을 맞거나 불에 탄 건물들이 그대로 방치되어 있었다. 고국에서 손님이 왔다고 정성껏 차린 음식으로 환영해 주었고 지역을 담당하는 유엔 과도행정기구(UNTAET) 행정관도 동석했는데 한국 여성이었다. 최초라는 수식어를 많이 가지고 사는, 결혼도 안 하고 전 세계 분쟁 지역을 전전하는 열혈 여인이었다.

다음 날부터 병사들이 활동하는 현장을 동행했는데 마을을 통과할 때마다 아이들이 나와 '꼬래야', '말라이 무띤'을 외쳐 대었다. '말라이 무띤'은 다국적군의 왕이라는 뜻이었다. 그전에는 군복을 입고 오는 어떤 군인을 보더라도 숨었던 이들이라고 했다. 그만큼 친숙하고 신뢰를 쌓았음을 알 수 있었다. 정성껏 청진기로 살핀 후 약을 처방해 주고 덧난 상처를 치료해 주는 따듯한 손길에서 한없는 고마움을 느끼는 듯했다. 마을 주변을 살피는 수색 정찰도 세밀하게 하였고 동네에 모여 있는 주민들에게 한국에서 보내온 구호품을 전달할 때도 거들먹거림 없이 공손하게 나눠 주었다. 특히, 자비를 털어 아이들에게 학용품이나 과자를 주는 병사들도 있었는데 겸손함을 잊지 않았다. 새벽에는 마을 길을 청소하며 주민들에게 새마을 운동을 홍보하였으며 방과 후에는 태권도를 배우려는 아이들을 모아 열심히 가르쳐 주었다.

잠시 짬을 내어 들른 바닷가에는 이름 모를 주먹만 한 고둥과 소라가 널려 있었고 에메랄드빛 바다색과 때 묻지 않은 하얀 백사장은 원시시대에 온 듯 착각하게 하였다. 밤에 펼쳐지는 별들의 향연은 일찍이 본 적 없는 광경이었고 별이 쏟아진다는 표현이 맞을 성싶었다. 내 동기 중에 과도행정기구 본부에 파견 나갔다 온 친구가 있었다. 미국에서 공부했고 근무경력이 화려할 뿐 아니라 인간성도 좋아 대성할 것으로 기대되는 장교였다. 그런데 동티모르 파견에서 복귀한 후 홀연히 전역 지원서를 내고 미국 신학대학원에 가서 목사님이 되었다. 환송하는 자리에서 그가 한 말이 아직도 생생하다. 동티모르에서 별을 보며 해변을 걸을 때 하루도 빠짐없이 예수님과 동행하는 기쁨을 맛보았다고 했다. 그만큼 하늘과 가까운 곳이다.

경제적으로 가난하고 다 쓰러져 가는 집에서, 유리창이 없는 학교에서 보내는 아이들의 해맑은 눈동자에도 별이 반짝였다. 맑게 웃는 행복한 미소는 오랜 시간 뇌리에 남아 아른거렸다. 그렇게 며칠을 보내고 큰 배를 이용해 만든 호텔에서 묵은 다음, 갈 때와 역순 행로로 귀국하였다. 동티모르에는 치안이 안정될 때까지 4년간 8회에 걸쳐 평화유지군이 파병되었다.

지금도 세계 곳곳에서 위험을 무릅쓰고 평화와 인류애를 실천하고 있는 한국의 젊은 장병들에게 무한한 찬사를 보낸다. 다른 나라 군인들은 민간인과 철저하게 분리되는 작전을 하는 데 반해 우리 장병들은 이웃과 같이 몸과 마음을 함께 나누는 작전을 펼치는 게 자랑스럽다. 건강하게 무사히 임무를 수행하길 빈다.

자등령을 넘어

　자등령을 넘어가면 백골 사단이 있다. 북한군이 가장 무서워한다는 부대이다. 대령으로 진급한 다음 첫 보직으로 사단 참모장을 했던 곳이다. 우연히 그곳에 들러 한 바퀴 돌아보았다.

　백골 3사단은 6.25 전쟁 전에 창설된 부대이다. 이후 흥남 철수 작전 시 기존의 26연대와 수도사단의 18연대가 다른 배를 타면서 연대 하나가 서로 바뀌었다. 18연대에는 공산 치하에서 핍박받다가 생명을 건져 월남한 기독교인 중심의 서북청년단이 소속되어 철모에 백골을 그려 넣었다. 죽어서도 통일하여 고향에 간다는 결의를 다진 표식이었다. 그 이후 김일성에게 당한 원한으로 북한군만 보면 눈에 쌍심지를 켜고 달려들어 싸우면 지지 않는 부대로 알려지게 되었다. 이후 사단 전체가 백골 표식을 하고 사단의 별칭이 백골 부대로 바뀐 것이다.

　1973년 초봄에는 군사분계선(MDL) 표지판 작업을 하던 우리에게 북한군이 총격을 가하여 중대장과 하사가 중상을 입자 당시 사단장이던 함경도 출신의 박정인 장군이 직접 현장에 달려가 경고 방송을 하였다. 북한군이 이를 무시하고 계속 총을 쏴 대자 사단 포병에 명령하여 집중 포격으로 적 GP를 초토화했다. 부상자들을 후송한 다음 야간에 전 사단 차량에 불을 밝히고 전방까지 이동시키자 북한이 전군에 비상령과 동원령까지 내렸다고 전해진다. 비록 상급 지휘관의 명령을 어겼다는 이유로 보직 해임되어 군을 떠났지만, 그의 아들과 손자까지 육사를 나와 장교의 길을 걸었다. 그는 '명예는 상관에게, 공은 부하에게, 책임은 나에게'라는 말을 남겼고 북한 공산당은 약자에겐 강하고 강자에겐 더없이 약함을 몸소 보여 주었다.

1992년 초여름에 아군 복장과 M16 소총으로 무장한 침투조 3명이 은하 계곡을 따라 비무장지대 훨씬 남쪽으로 이동하는 것이 포착되었다. 이에 당시 전초 대대 중대장이 직접 작전에 투입되어 이들을 사살한 은하 계곡 완전 작전을 펼쳤다. 이 공로로 16명이 무공훈장을 받는 명예를 누렸는데 후에 그 중대장은 합참의장이 되었다. 이처럼 전·평시를 막론하고 적이 가장 두려워하는 부대로 정평이 나 있고 병사들 사이에서는 그 부대에 가면 훈련이 빡세다고 꺼리는 부대 중 하나이기도 하다. 신병교육대는 지금도 백골 마크가 새겨진 철모를 쓰고 훈련하며 훈련이 끝나면 백골 잔에 건배하는 전통이 남아 있다.

김화 평야를 굽어보는 오성산이 북쪽에 있고 그 아래 저격능선에는 6.25 전쟁 당시 12번이나 주인이 바뀌는 치열한 고지전을 치렀던 곳이다. 철의 삼각지대인 이곳에서 목숨을 잃은 수많은 영령이 구천을 떠돈다고 하여 매년 큰스님들을 모시고 위령제를 지내기도 한다. 분지 형태로 북한의 김화 뜰에서 불어오는 살을 에는 겨울바람으로 인해 추위가 유명한 곳이기도 하다.

내가 근무할 당시 지휘관은 교회 장로이고 부지휘관 두 분도 독실한 기독교 신자였다. 단결을 위한 회식을 할 때 술을 입에 대지 않는 지휘부 덕분에 나 혼자 예하 지휘관이나 사단 참모를 대작해야 했다. 항상 거나하게 취하여 간신히 정신을 잡고 집에 온 기억이 많다. 석가탄신일 행사나 전방 위령제 행사 시에도 사단 대표는 어김없이 나였다. 한번은 큰스님을 뵈러 갔더니 군종 법사가 삼배(三拜)하고 무릎을 꿇고 앉으라고 해서 시키는 대로 했다. 그분이 나를 보더니 "인상이 아주 좋다."라면서 성공할 상이라 칭찬해 주었다. 나중에 진급에 낙선되고 나서 그 말씀을 의심하였으나 최근에야 성공은 반드시 진급만이 아니라는 생각을 하게 되었다.

김화지구 전투에서 아버지를 잃은 유복자 비구니 스님이 전방 지역에 절을 지어 법당 축성행사를 할 때도 사단 대표로 참석하였다. 조계종 포교원장까지 와서 축하했는데 '오죽 그리움이 사무쳤으면 절을 지어 아버지의 원혼을 달래려 할까?' 하는 안타까움도 들었다. 성탄절 전야에는 성당에 가서 미사를 드리고, 교황청에서 하사한 포도주를 마셨다. 그렇게 다른 종교행사에 참석하고 회식 때 술을 권하고 마시니 매주 일요일 교회 예배에 빠지지 않는 나에게 '주(酒) 집사', '돌 집사'라는 별명이 붙었다.

전 부대에 체력단련이 강조되고 사단장부터 솔선수범하였는데 매일 아침 함께 연병장을 뛰었고 수요일에는 전투 체육으로 테니스나 축구를 하였다. 오후에도 짬이 나면 사령부 뒤로 나 있는 복주산으로 연결된 산림 도로를 걷거나 뛰었다. 휴일에도 조기축구단을 결성하여 매주 축구를 하고 시간을 내어 광덕산이나 복계산 등을 등산하였다. 봄이 무르익었을 무렵인데 산길을 뛰다가 노란 줄무늬가 깜찍한 멧돼지 새끼를 보았다. 걸음을 멈추고 세 마리까지 지나가는 것을 보는 순간 머리가 쭈뼛하며 온몸이 경직되는 두려움을 느꼈다. 숲속 어딘가에서 커다란 어미 돼지가 나를 쏘아보고 있다는 생각이 불현듯 들어 뒤돌아 오던 길을 급히 내려왔다.

지금도 안타깝게 생각나는 것은 후배 여군 중위이다. 우울증이 심하여 소대장을 채 마치지 못한 채 정훈부로 보직을 바꿔 주었다. 지금도 그렇지만 당시에 여학생이 육사에 입학하려면 우수한 성적과 체력을 요구했으니 뛰어난 젊은이임에는 틀림이 없다. 그런데 생도 3학년부터 서서히 나타나기 시작한 우울증은 스스로 이겨 낼 수 없는 지경에 이르렀다. 병사들 앞에 서면 눈물이 나고 갑자기 얼굴에 홍조가 생기며 아침에 깨어나기 힘들어하는 정도였다. 몇 번 면담을 거쳐 정신과 진료를 받게 조치하였다.

근본적인 원인은 부모에게 있었다. 택시 운전을 하는 아버지가 남동생을 뒷바라지하기 위해 본인의 의사와는 무관하게 적성에 맞지 않는 육사에 입학시킨 것이었다. 설날 집에 초청하여 떡국을 먹였다. 그때, 자기도 어릴 적 꿈이 내 아내처럼 국어 선생님이 되어 글을 쓰고 아이들을 가르치는 것이었다고 고백하였다. 죽이 맞았는지 오랫동안 아내와 이야기하고 아이들과 놀다가 집에 갔다. 내가 떠나온 이후 전역했다는 소문은 들었으나 참 아까운 후배라는 생각에 불현듯 기억이 났다.

골짜기와 산등성이마다 새록새록 추억이 묻어났고 참모장으로 근무했던 시절의 사람들이 그리웠다. 참 보람 있고 행복했던 시절이었는데 나에게 꾸지람을 들은 간부들에겐 지면을 통해 미안함을 전한다.

군대 축구 이야기

⋮

 군인에게 이등은 없다. 전투에서 승리하지 않으면 곧 패배이기 때문이다. 상대적이기에 반드시 지는 편이 있기 마련이지만 그래서 축구 시합은 언제나 전쟁과 같았다.

 어디서든 판이 벌어지는 것이 축구이다. 이제부터 여성들이 가장 듣기 싫어한다는 군대 축구 이야기를 할까 한다. 공격과 방어, 역습 등 군사용어가 가장 많이 사용되고 직접 몸을 부딪쳐 싸워야 하니 전투와 흡사한 경기이다. 공과 작은 공간이라도 있으면 언제나 할 수 있기에 군대에서 가장 인기 있는 운동이기도 하다.

 난 어린 시절 축구공을 가까이하지 못하는 환경에서 자랐다. 고등학교 포함 시합을 한 것은 손에 꼽을 정도인데 발이 빠르고 투지가 있어 수비형 미드필더를 했다. 그러니 축구 실력은 뻔한 수준이었다. 다행히 소대장부터 열심히 공을 찬 결과 조금씩 발전하기는 했다. 중위 때는 대대 간부축구선수로 나가 결승 골을 넣었던 짜릿한 순간도 있었다.

이차중대장은 매일 아침 두 시간 동안 체력단련을 하는 부대에서 근무했다. 약간의 뜀걸음 후에 병사들은 돌아가며 축구와 태권도, 근력운동 등을 했지만 나는 중대장의 권력으로 매일 축구를 했다. 상대팀에게는 눈엣가시였을 것이다. 잘하지도 못하는데 순발력은 있으니 안 막을 수도 없고 그렇다고 거칠게 파울을 할 수도 없으니 참 불편했을 것이다. 게다가 승부 욕심은 있어서 악착같이 이기려고 열심이니 상대인 소대장은 지기도 이기지도 못하는 난관에 부딪혔을 것이다. 수비수는 무슨 잘못이 있단 말인가? 중대장을 심하게 막으면 이곳저곳에서 예의가 없다고 핀잔을 듣고 살살 막으면 소대 선배들한테 혼나야 하니 중도를 지키는 게 여간 어렵지 않았을 것이다.

사단사령부 근무 시에는 간부 중에 중상위급 정도 되는 실력을 갖추게 되었다. 지휘관과 가까이 근무했던 나에게 특명이 내려지곤 했는데 지휘관이 골을 넣을 수 있도록 편하게 패스하는 것이었다. 군대 축구의 특이한 면인데 지휘관이 골을 넣으면 상대 팀 선수들도 손뼉 치고 좋아했다. 어김없이 면세 맥주가 나오고 부대 전체 분위기가 좋아지기 때문이다. 특명을 잘 수행한 날에는 나에게도 덩달아 칭찬이 쏟아졌다. 한번은 연예인 동호회 팀이 위문 겸해서 우리와 축구를 했다. 나이가 꽤 있는 편인데도 매일 모여서 운동하고 손발을 맞춰 와서 그런지 간부들로는 상대하기가 어려웠다. 할 수 없이 후반전에 나를 포함 두 명이 빠지고 숨겨 둔 선수급 병사를 대체

한 덕에 간신히 비길 수 있었다. 물론 지휘관은 계속 뛰었고 병사는 간부로 계급 사칭하는 꼼수를 두긴 했다.

대대를 창설한 다음 단결 활동으로 자주 축구를 했다. 서로 몸을 부딪고 땀을 흘린 다음 맥주 한 잔으로 회포를 푸는 것이 서로를 이해하고 뭉치는 데 일조를 했다. 초겨울 찬 바람을 맞으며 경기하다가 상대편 등허리에 떨어져 엉덩관절을 심하게 다친 적도 있었다. 그러고도 계속 축구를 했고 그렇게 친해진 소대장을 포함한 간부들과는 지금도 연락하고 산다. 사단 간부축구를 할 때 서로 심하게 부딪혀 언쟁이 붙은 적이 있었는데 보다 못한 사단장이 완전군장으로 집합을 시켜서 병사들이 보는 앞에서 얼차려를 받기도 했다. 언제 그랬냐는 식으로 다음 주에 다시 축구를 했다.

체육대회 종목에 빠지지 않는 것이 축구이다. 우리 대대는 축구를 잘하는 간부와 병사들이 많아서 무조건 이긴다고 생각했는데 실력과 다르게 공은 둥글었다. 계급별로 선발된 선수들이 너무 자만했는지 준결승까지 올라간 다음 결승에서는 아쉽게 졌다. 실력으로 약한 상대편 팀이 수비 위주로 대응하다가 역습으로 한 골을 넣고 빗장을 걸어 잠근 것이다. 공격만 계속하다가 제풀에 지쳐 허탈해하던 모습은 지금도 만나면 회자하곤 한다.

사단 참모장 시절에는 조기축구를 했다. 휴일 새벽에 모여 사령부

팀과 직할대 팀으로 나누어 거의 매주 경기를 했다. 그 덕에 직할대 간부들도 많이 알고 친해지는 계기가 되었고 체력단련에도 단단히 한몫했다. 간단한 음료와 간식으로 요기하고 집에 와서 샤워하고는 각자 종교 활동에 참석하는 바쁜 휴일을 보냈었다. 그렇게 친해진 간부들은 이후에도 가끔 만나 이제는 골프장에서 당시를 회상하곤 한다.

군단 참모 시절에는 축구를 잘하고 즐기는 지휘관을 만났다. 수요일에는 어김없이 간부축구를 했는데 나이 차이가 나는 지휘관이 드리블하여 접근하면 막기 어려웠다. 가까이 부딪치면 다칠까 위험하여 적당히 수비하면 얼른 제치고 슛을 하였다. 군단사령부 맨땅에서 운동하는 게 성이 차지 않았던 지휘관이 지역 내 잔디가 깔린 대학이나 종합운동장을 섭외하여 원정 가기도 하였다. 경기 후에는 가까운 맛집에서 저녁을 해결해 주면서 사기를 북돋아 주었다. 심지어는 축구를 잘하는 간부를 이뻐하여 모두가 열심히 했고 아무리 바쁜 일이 있어도 빠지지 않으려는 분위기가 생겨나기도 했다. 그때가 군대에서 공을 찬 마지막 시즌이었다.

정책부서 등을 전전하면서 체력에도 무리가 가서 부딪히지 않는 다른 종목으로 바꾸어 운동했다. 어디서든 공과 연병장과 사람이 있으면 쉽게 할 수 있는 축구가 군 생활 중 가장 활력을 주는 운동이었다. 소리도 지르고 작전도 짜면서 스트레스를 확 날려 버리는 데 축구만 한 운동이 없는 듯하다.

요사이엔 프로 축구와 외국 유명 팀들이 하는 축구를 TV로 보며 즐긴다. 경기를 보면서 축구와 함께한 시간이 주마등처럼 지나가기도 한다. 삶에 활력을 주었고 사람을 친하게 하였으며 서로를 단결시켰던 날들이었다.

가평을 지나며

　임관하여 처음 근무한 부대가 사라졌다. 이기자부대가 해체되고 전방에 있던 상승 부대가 책임 지역을 확장하여 주둔한 것이다. 감시 거리와 각종 화기의 사거리가 길어지고 병력 위주의 작전에서 정보·화력 위주로 개념이 바뀐 탓이다. 갑자기 그곳이 가 보고 싶어 무작정 집을 나섰다.

　가평에서 화악산 계곡을 지나 화악터널 방향으로 길을 잡았다. 가는 도중 가평읍엔 영연방 참전 기념비가 있었다. 가평군 북면으로 접어들자 캐나다 한국전쟁 참전 기념비와 미군 참전 기념비가 가까운 곳에 있었고, 좀 더 지나가니 호주와 뉴질랜드 참전 기념비가 같은 장소에 나란히 세워져 있었다. 그때 언뜻 6.25 전쟁사에서 배웠던 가평지구 전투가 떠올랐다.

　1951년 4월 22일 사창리까지 진출한 한국군 6사단은 전방에 대규모 중공군이 집결하고 있다는 징후를 포착했다. 급히 방어로 전환하여 사창리 북방인 광덕산과 두류산에 각각 1개 연대씩 배치하였고 예비를 사창리에 두었다. 제대로 된 진지를 준비하지 못하고 방어에 소홀했던 그날 저녁 대규모 중공군의 야간 기습공격을 받게 된다. 나팔과 뿔피리를 불며 몰려오는 중공군에 몇 번 당했던 6사단은 제대로 대응조차 못 하고 걷잡을 수 없이 화기와 장비를 유기한 채 무질서한 퇴각을 거듭하여 가평 지역으로 철수하였다.

당시 가평에는 영연방 27여단이 방어하고 있었는데 동측 504고지는 호주군 대대가, 서측 677고지에는 캐나다 대대가 방어진을 구축하고 영국군 2개 대대가 예비로 가평에 있었으며 뉴질랜드 포병연대가 이들을 지원하고 일부 미군 전차부대도 지원하고 있었다. 이들의 엄호하에 장비는 거의 버리고 왔으나 병력은 크게 손실을 보지 않은 6사단은 철모에 '결사(決死)'를 새기고 한 달 후 용문산 전투에서 실패를 만회하는 승리를 함으로써 중공군을 파로호에 수장시키는 큰 전과를 올리게 된다.

다음 날인 23일 저녁부터 호주군은 20분 정도의 간격을 두고 축차적으로 떼를 지어 몰려오는 중공군을 맞이하여 쉬지 않고 방아쇠를 당기고 수류탄을 던져 방어진지를 사수했다. 호주군의 용맹한 전투 덕분에 중공군 전진을 막아 내고 그들의 공세를 멈추게 하였으며 경춘가도를 이용하여 서울을 차단하려는 적의 계획도 저지할 수 있었다. 이를 기념하여 호주 현지에는 지금도 가평 거리(street)가 열 군데가 넘고 가평 다리(bridge)도 두 곳이 있을 만큼 대단한 자부심으로 전쟁영웅을 기리고 있으며 매년 4월 24일을 가평의 날로 제정하여 행사한다고 한다.

  그 이면에는 평생 전쟁 트라우마로 알코올 중독과 악몽에 시달리고 화를 벌컥 내어 정신과 치료를 받는 희생도 치렀다. 두 살이던 딸은 전사한 아버지의 얼굴도 모른 채 참전용사들을 인터뷰해서 책을 내기도 했다. 그들이 한국에 도착했을 때 보았던, 한 번도 경험해 본 적 없는 피난민과 고아, 파괴된 마을을 기억하며 전쟁고아를 돌보아 주지 못했음에 지금도 마음 아파한다고 들었다. 아흔이 넘어 다시 찾은 참전용사들은 발전한 한국 사회에 목숨을 바쳐 이바지했다는 대단한 자부심을 느낀다고도 했다.

  한편 서측을 담당했던 캐나다 경보병 2대대는 23일간의 항해 끝에 부산에 도착하였다. 약 8주간의 적응 교육을 마치고 영연방 27여단에 배속되어 가평지구 전투에 투입된다. 이들 중에는 2차 세계대전에 참가했던 경험이 있는 숙련된 간부와 병사가 다수 있었다고 한다. 중공군의 공격을 방어하기에 앞서 지휘관들은 '적을 물리치고 승리하든지 아니면 여기에 묻히든지 후퇴는 없다.'라고 독려하였다. 중공군의 자살 공격이 밤새 이어지고 중과부적으로 마침내 진지까지 올라온 위급한 상황에서 대대장은 뉴질랜드 포병에게 자기 머리 위로 진내사격을 해 달라고 요청하였다. 교통호와 엄폐호에 있는 부하들은 안전하게 대피시키고 노출된 중공군을 쓸어버리려는 최후의 결정이었다. 뉴질랜드 포병의 엄청난 화력지원에 힘입어 중공군을 물리치고 진지를 사수하였다.

지금도 캐나다에서는 이 전투를 영화 〈300〉으로 잘 알려진 그리스와 페르시아의 '테르모필레 전투'에 비견하여 자랑스러워한다고 한다. 한 참전 군인은 인터뷰에서 "우리는 상부의 명령 때문이 아니라 한국을 위해 싸우고자 자원한 사람들이다. 따라서 캐나다 군인답게 명령에 복종하면서 최후까지 싸우려는 생각밖에 없었다. 펄펄 날던 전우들이 적의 총탄에 맞아 이름 모를 산골짜기에 쓰러지는 광경을 보면서도 센티멘털할 겨를도 없고 두려움을 느낄 틈조차 없었다. 계속 빠르게 탄창을 갈아 끼우며 죽을 둥 살 둥 사격을 계속했을 뿐이다."라고 술회했다. 캐나다는 매년 참전용사들을 한국에 초청하는 행사를 하고 2021년에는 가평전투 70주년 기념 사진전을 개최하고 100여 명의 생존 참전용사를 모시고 와서 행사하였다.

호주군과 캐나다군 2개 대대가 중공군 3개 사단의 공격을 저지한 것이다. 화악산 계곡을 지나가며 기어 올라가기도 힘든 경사진 낯선 산악에서 치렀을 그때의 전투 광경을 어렴풋이 그려 낼 수 있었다. 그들은 자유와 평화를 지킨다는 대명제보다 오직 군인으로서 사명과 명령에 충실했던 진성한 용사들이다. 진투 경험과 전투지휘 능력, 우세한 화력지원과 이를 요청하는 능력, 불굴의 투지가 만들어 낸 승리였다. 이름도 몰랐던 한국에 와서 고귀한 생명을 바쳐 지켜

낸 이들에게 저절로 고개가 숙어졌다.

  화악산 터널을 지나 사창리에 이르니 초라한 사창리 지구 전적비가 고개 도로변에 있었다. 수치스러운 전투였으나 이에 대한 언급은 없이 그 이전에 공격하여 사창리를 탈환한 내용만 간단히 기록되어 있었다. 내가 근무했던 흙벽돌 건물은 현대화되어 다른 부대가 주둔하고 즐비했던 여인숙과 상점은 사라지고 없었다. 한 달여의 공사로 성벽처럼 쌓았던 사령부의 돌담이 유일하게 남아 그대로 유지되고 있었다. 주변의 돌산에서 캐낸 돌로 정성을 다했기에 40년이 넘은 세월에도 튼튼히 버티고 있었고 반가웠다.

  우리가 이렇게 번영을 누리고 자유를 만끽하고 있는 이유는 목숨을 바쳐 지켜 준 유엔군의 희생이 밑거름되었다는 사실을 잊으면 안 되겠다. 그런데 아직도 6.25를 북침이라고 우기며 미국에 의해 발발한 전쟁이라고 하는 좌익분자가 있다는 사실에 섬뜩한 생각마저 든다. 언제 제대로 된 역사 인식을 전 세대가 공유하며 단결된 국가가 될지 걱정이 앞섰다.

잃어버린 도서관

 봄이 한창인 사월 하순의 어느 날이었다. 개교기념일 모교 개방행사에 맞춰 육군사관학교를 방문하였다. 아내의 작품을 화랑 문인회 시화전에 가져다줄 겸 오랜만에 찾은 것이다.

 시화전시장은 내가 생도 생활을 할 때는 없었던, 한국 최고의 건축가 중 한 분인 김중업 님이 설계했다는 박물관이었다. 웅장한 위용을 자랑하는 원형의 건물이 주변을 압도하고 있었다. 그래서인지 화랑 연병장 사열대도, 건물 앞을 꿋꿋하게 지키고 있는 강재구 선배 동상도 초라하게 보였다. 건물을 소개하는 책자에는 예술성이 뛰어난 건축물로 현대와 과거가 공존한다고 했지만, 과거는 저만큼 물러난 듯한 서운함을 지울 수 없었다. 게다가 더 아쉬운 것은 붉은 벽돌로 널찍하게 단층으로 지은 도서관이 사라진 것이다. 앞에 서 있던 밴 플리트 장군 동상은 후미진 곳으로 이전되어 있었다.

 그 도서관은 육사를 만들 당시 미 8군 사령관이던 밴 플리트 장군이 지은 것이다. 미군의 공병 자재와 장비를 학교 지으려고 태릉으로 옮겼으나 미 의회가 반대하여 지원할 수 없었다. 그때 밴 플리트 장군은 개인 재산을 털고 일정 금액을 모금하여 도서관을 지어 주었고 그래서 '밴 플리트 도서관'이라 명명하였다. 지금쯤 도서관이 남아 있다면 명문대학의 상징과 같은 고색창연한 붉은 벽돌 사이로 담쟁이 덩굴이 감아 올라가서 역사를 고증하고 있을 텐데 하는 아쉬움이 배어났다. 만약은 불가하지만, 만약 그 건물을 살리고 더 넓혀 단층으로 박물관을 만들었으면 얼마나 좋았을까 하는 생각도 해 보았다.

그러면서 도서관을 지어 준 밴 플리트 장군을 추모하였다. 중공군의 춘계공세가 한창이던 1951년 4월 미 8군 사령관으로 부임한 밴 플리트는 특이한 경력의 소유자였다. 2차 세계대전 당시 노르망디 상륙작전에 미 육사 동기생인 아이젠하워가 4성 장군으로 총사령관을 하고 있을 때 밴 플리트는 연대장으로 참전하였다. 주정뱅이와 동명이인으로 착각한 참모총장이 몇 번 진급을 누락시킨 원인도 있지만, 소령 시절 플로리다 대학 학군단에서 미식축구 코치를 수년간 하는 등 경력이 교육 훈련 분야에 치우친 탓도 있었다. 다행히 장군 진급 후 몇 달 안 되어 소장 진급하고 그리스 군사고문단장으로 공산 반군과 싸워 마침내 그리스 자유민주주의를 지키는 데 공헌하였다. 그 덕분에 공산 세력의 실체를 잘 알게 되었고 한국전에서 적군의 속내를 꿰뚫어 보고 전쟁을 지휘할 수 있었다.

인해전술이라 불리는 중공군 파상공세를 저지하기 위해 소위 '밴 플리트 탄약량'을 앞세워 무자비한 포격을 퍼부었다. 이는 하루에 쏠 수 있는 탄약량의 다섯 배가 넘는 양이었다. 미 합참과 의회까지 예산 낭비를 지적하며 반대하였지만, 그 작전 말고는 중공군을 막아 낼 방도가 없었다. 덕분에 불리했던 전세를 뒤집어 지금의 휴전선까지 밀어 올릴 수 있었다. 이승만 대통령과 죽이 잘 맞았던 장군은 수시로 공세 작전을 건의하였으나 이미 휴전회담으로 더 이상의 희생을 치르지 않기로 한 본국의 정책을 바꿀 수는 없었다. 그런데도 방어에 유리한 지역까지 차지하려는 고지전을 치열하게 전개하였다.

이때 사관학교를 졸업하고 폭격기 조종사가 된 외아들 제임스 밴 플리트 2세 중위가

"아버지가 가는 곳이면 저도 따라가겠습니다."

라며 자원하여 한국전에 참전하게 되었다. 결혼해 아들 하나를 두었던 밴 플리트 중위가 한국에 오기 직전에 어머니에게 편지를 보냈다.

"… 어머니의 눈물이 이 편지를 적시지 않았으면 합니다. … 저를 위하여 기도하지 마십시오. 그 대신 위급한 상황에서 자유 수호를 위해 국가로부터 소집된 나의 승무원들을 위해 기도해 주십시오. 그들 중에는 무사히 돌아오기만을 기다리는 아내를 둔 사람도 있고 아직 가정을 이뤄 본 적도 없는 사람도 있습니다. 저는 최선을 다할 것입니다. 그것이 나의 의무입니다. …"

밴 플리트 부자는 아버지의 60회 생일에 만나 케이크를 자르고

그것이 마지막 만남이 되었다. 이후 스무날이 지난 안개가 자욱한 어느 봄날 밤, 한국에서 네 번째 출격을 한 밴 플리트 중위는 중공군의 지원 거점인 북한 순천 지역에서 비행기의 행적이 레이더에서 사라지고 되돌아오지 못했다. 다음 날은 이승만 대통령을 모시고 춘천에서 한국군 제2군단 창설식을 하는 날이었다. 모든 일정을 예정대로 소화한 밴 플리트 장군은 한미 장군들이 모여 있는 막사에서 아들이 어젯밤 행방불명되었다는 소식을 직접 전하며 뒤돌아 울었다. 그리고 사령부에 돌아와서 "모든 이들의 목숨은 소중한 것이다."라는 말과 함께 아들을 찾는 위험한 수색을 중지할 것을 지시했다.

이승만 대통령과 뜻을 같이하여 북진통일을 지지하였던 밴 플리트는 동기생인 아이젠하워가 대통령이 된 다음 사령관직을 물러나 본국으로 돌아갔다. 이후에도 한미 우호 단체(The Korea Society)를 만들어 한국 발전에 많은 도움을 주었으며 '밴 플리트상'을 제정하여 한미 우호에 공이 있는 사람들에게 매년 수여한다. 김대중 대통령, 반기문 유엔사무총장 등이 이 상을 받았고, 최근에는 방탄소년단이 수상하였다.

1965년 하와이 망명지에서 이승만 대통령이 타계했을 당시 그곳에서부터 운구를 모신 비행기에 탑승하여 마지막까지 장례식에 함께하기도 했다. 밴 플리트는 이승만 대통령을 대한민국의 위대한 애국자이고 강철 같은 사나이로 존경하였다. 자기 체중만큼의 다이아

몬드에 해당하는 가치를 지닌 분이라고 칭송하였다. 이승만 대통령도 미 상·하원 의회 연설에서 밴 플리트 장군을 한국군의 아버지라고 칭찬했다. 밴 플리트 장군은 아들과 함께 전우가 되어 대한민국의 별이 된 위대한 군인이었다.

생도 시절 바쁜 틈을 타서 도서관을 들락거리며 책을 고르던 내 모습이 흐릿하게 기억된다. 그 도서관은 비록 잃어버렸지만 밴 플리트 장군의 헌신과 정신은 후세에도 기려야 할 가치가 있다고 생각한다. 도서관이 헐리고 누구의 동상을 세우고 철거하느냐는 이데올로기에 침몰당한 모교가 안타까웠다.

두더지의 일상

⋮

 살아오면서 가장 힘든 시기를 꼽으라 하면 생도 1학년 시절이다. 용광로에 쇠를 녹여 담금질로 강철을 만드는 과정이라고나 할까?

 전해 내려오는 은어로 생도 1학년은 두더지, 2학년은 빈대이다. 햇빛도 못 보는 굴속에서 일 년간 열심히 땅을 파다 보면 벽돌 하나가 덧대어진다. 그렇게 2학년으로 올라가면 후배들 피를 빨아먹는 '빈대'가 된다는 섬뜩한 별칭이 붙는다. 2학년 생도는 후배 교육이라는 핑계로 감시와 지적, 얼차려를 가하며 폭군처럼 절대적으로 군림한다. 반항은 있을 수 없고 변명은 더욱 강한 얼차려를 수반할 뿐이다.

 1학년 생도는 촌음을 다투는 시간 싸움과 끊임없는 경쟁의 나락으로 빠져 한 치의 실수도 허락되지 않는다. 나팔 소리에 잠이 깨어 침구 정돈하고 점호를 한 후 체조와 뜀걸음을 마친 후 세수하고 식사 집합하여 식당에 간다. 1학년이 배식 당번인데 미운 2학년 밥을 적게 펐다가 심하게 혼나는 동기들도 있었다. 다들 먹는 문제에 민감한 시기 아닌가? 4학년 선배는 밥을 조금 먹을 거라는 고정관념을 갖고 있어 적게 배식하면 가끔은 밥을 많이 달라는 압력도 들어오고 일부 선배는 간식을 항상 준비하여 먹곤 했다. 한번은 덩치가 큰 동기에게 마음껏 먹으라고 판을 벌인 적이 있었는데 여덟 명의 분대가 먹는 밥통의 밥을 반 이상 비우는 경우가 있었다. 항상 배고픔에 시달리는 친구가 있게 마련이지만 나름 밥은 푸짐하게 나오는 편이었다.

이어서 청소하고 난 다음 학과 출장을 하여 교수부에 가면 졸음과의 전투가 벌어진다. 전날 밤 불침번을 섰거나 지적을 받아 얼차려를 심하게 받은 날, 구보를 한 다음 날은 어김없이 잠에 빠져든다. 교수도 대부분 선배여서 1학년의 애환을 아는지라 크게 나무라지는 않는 분위기였다. 그래서 '몽(夢) 생도', '잠 신(神)'이라는 별명을 달고 사는 동기들이 다수 생겨났다. 심지어 배짱 좋게 잠을 잘 잤던 선배 중에서 오히려 장군이 되는 이가 많다는 위안을 하기도 했다. 오후 학과를 마치면 두 시간은 무도, 체육 등이고 월요일은 하기식 후 구보, 수요일은 동아리 활동이었다. 토요일 내무검사를 마치면 드디어 휴일을 맞이하면서 한 주가 지나가는 헤맴과 반복의 연속이었다.

교수부에는 '데일리'라는 쪽지 시험이 있는데 불시에, 또는 며칠 말미를 주고 평가하는 수시 시험이다. 아침부터 시달리고 나서 공부하러 오면 스르르 눈이 감기는 것은 다반사인데 이 약점을 교묘히 파고드는 장치이다. 그것만이 아니었다. 매 학기 말에는 상호평가가 있어 동기생들을 각 문항에 따라 상대적으로 점수를 매겨야 했다. 내무생활, 희생정신, 체력, 전우애 등을 서로 평가하여 훈육점수에 반영하는 제도이다. 그러니 항상 동기들 간에도 빈틈을 보이면 안 되는 생활인 것이다.

월요일 저녁에 하는 구보가 발목을 잡으면 한 주 내내 더욱 힘들어진다. 특히, 한여름 구보는 아스팔트의 지열과 땀으로 탈진되어 정말 힘든데 저학년생도 중에는 유독 구보에 취약한 이들이 있었다. 몸살감기가 걸린 경우도 그렇고 정맥류를 앓고 있는 친구와 심장이 약한 생도들이다. 새 군화에 까여 뒤꿈치 상처를 입은 경우는 뛰는 걸음마다 따끔거린다. 심지어 대열에서 뒤처지자 대검을 꺼내 자기 허벅지를 찌르는 동기가 있는가 하면 구보에 노이로제가 걸려 퇴학을 신청한 친구도 종종 있었다. 한두 명 낙오하고 나면 중대 분위기가 살벌해진다. 가뜩이나 힘든 구보인데 샤워 후에는 1학년 집합이 이어지고 나태한 정신 자세를 고친다는 명목하에 얼차려가 가해진다. 구보 연습을 핑계로 체력단련을 겸한 기합이 한 주 내내 이어지는 때도 있었다.

개인적으로 다치거나 아픈 경우는 난관에 봉착하는데 열외가 인정되지 않는 규율 때문에 병원 입원 시에도 버스를 이용하여 교수부 수업을 들어야 했다. 안질로 안대를 하고도 땀 흘리는 무도와 구보에 열외가 없었고 몸살감기 정도는 스스로 삭여야지 입도 뻥끗 못

하는 분위기였다. 두 번 입시에 실패하고 세 번째 합격한 한 동기는 고등학교 때부터 사귀던 여자 친구와 헤어진 후 종기가 허벅지를 파고들어 크게 덧나서 입원했다. 그도 예외 없이 모든 수업에 참석해야 했다.

 끊임없는 자신과 싸움이 전개되는 중에 상급 생도들의 지적과 얼차려가 더해지니 회의하는 이들도 상당수 있었고 너무 고루한 생도 생활과 교육 방식에 대해 비판도 하게 되었다. 일 분도 쉼 없이 몰아치는 획일화된 시간 관리와 숨 막힐 것 같은 경쟁 구도에 자신이 지쳐 가는 것이었다. 청운의 꿈을 품고 고급장교가 되기 위한 보다 학구적이고 체계적이며 화려한 생활을 기대했던 이들에겐 충격으로 다가왔을 것이다. 이상을 향해 몸부림치는 '조나단 리빙스턴 시걸' 같은 갈매기가 되기를 바라고 왔는데 두더지가 웬 말인가? 무슨 생각조차 할 시간 없이 몰아쳐 대니 바보가 된 듯 기계처럼 움직이는 자신을 바라보며 의심하였을 것이다. 그렇게 힘에 부치지만, 서서히 완벽해지고 싶은 욕망에 가까이 가며 강한 군인으로 단련되었을 것이다.

 물론, 다 힘든 것만은 아니다. 금요일 밤엔 영화도 보고 휴일에 종교 활동과 면회와 미팅 등 즐거움이 주어진다. 외박을 다녀온 선배들이 통닭이나 제과점 빵을 사다가 몰래 넣어 주기도 했다. 가끔은 진적지 답사나 고궁, 박물관에도 가고 봄, 가을엔 축제도 하며 뮤지

컬도 감상하는 낭만이 있었다. 체육대회와 스케이트 시합에서 스트레스를 풀고 삼사 체전엔 목이 터지라 응원을 하였다. 여름 수영훈련 때는 동해안 망상해수욕장에 가서 훈련과 휴양을 동시에 한 적도 있다.

 돌이켜 보면 아스라한 젊은 시절의 한때였지만 다시 가라고 하면 못 갈 듯한 날들이었다. 같은 중대에서 지낸 이들 중에 세 명이 졸업을 못 하였다. 지금 후배들 생도 생활은 우리 때와 다르게 학구적이고 체계적으로 많이 변화되었다고 들었다.